當偶像 遇上明星

劉銘・李淑楨——著

多一位貴人

永遠的志工
錢田玲玲

認識劉銘，要從一九八八年說起。

那一年，外子錢復任職駐美代表，有一個來自台灣的廣青合唱團來華盛頓演出，由於外子另有公務在身，由我代表出席，而劉銘就是該合唱團的成員之一，這就是我們的初次見面。

次年，外子奉調經建會主委，我們舉家回台，而廣青合唱團每年的公演，都會邀請我參加，只要時間允許之下，我都會盡量出席，來為這個大部分都是身障團員的合唱團打氣加油。就這樣，和劉銘見面的機會越來越多，也就越來越認識這位力爭上游的年輕人。

有一年，接獲劉銘的來信，他表示，想主持一個關懷服務身心障礙朋友的節目，剛好我認識警察廣播電台總台長趙鏡涓女士，於是就推薦給趙總台長，經過他自己的一些努力，成為了電台節目主持人。

此後，每隔一段時日，劉銘都會和我分享他的一些突破和喜悅。譬如當選十大傑出青年，榮獲廣播金鐘獎，與淑華愛情長跑八年要結婚了等等。記得結婚典禮上，我還是他們的證婚人。

又過了一段時日，他說他為身障朋友打造了表演舞台，成立了「混障綜藝團」，到學校、監獄、社團去做生命教育的宣導。還有就是出書，而且一本又一本的寫下去，這一本是他的第七本著作。

最意想不到的是，去年大愛電視台將他的故事拍成連續劇，而且由他自己來演自己當男主角，而我也成為劇中的一個人物，戲劇播出後，帶來極大的迴響和影響。由於這部戲，劉銘因此和戲中飾演他太太的女主角李淑楨結緣，目前兩人一起搭檔主持混障綜藝團的演出，一起展開雙人演講，乃至合寫了這本書。

我很喜歡淑楨，恭喜劉銘又多了一位可以一起努力做慈善公益的夥伴，相信他們兩人的攜手合作，必定能發揮一加一大於二的效果，如同《人生逆轉勝》這部戲一樣，為社會和人心帶來更多的正能量。

劉銘動不動就不住地感謝我，不時地稱我為他「生命中的貴人」，實在不敢當。其實，我做的真的有限，如果這其中有做了一、二件值得稱道的事情的話，那就是「搭橋」吧！重要的還是過橋，過橋後的人生之路，就要靠他們自己開創了；或是說「點燃」也可以，彷彿一根火柴，我做的就是點燃，點燃後的火柴，能夠燃燒出什麼樣的光芒，就要靠自己了。

從一九八八年認識，到這本書問世的今年，我們剛好整整相識三十年了。這本書何嘗不是這份情誼，和我經常與人傳誦劉銘故事的印證與印記。更欣慰的是，劉銘現在已經可以為人遇水搭橋，為人點燃生命的火柴。

///

對望

導演 蕭菊貞

這是一本好看的書，好看的原因不是因為偶像和明星我們都認識，而是他們藉由對話與對望，誠懇的掏出了心裡話，有些篇章看似向對方的人生致意，卻也如鏡像般映照出自個兒的人生秘境，像碰杯淺酌之後，終於可以卸下了偶像與明星的外衣，快樂當「自己」！有些段落回憶了兩人共同拍片期間的甘苦，吐露的不也是知音相惜之情。身為讀者，我當然樂於拉把椅子在他們的桌邊坐下來，品一杯好咖啡，聽他們說故事。

這氛圍對於閱讀來說，也是種享受。

偶像劉銘，我認識好久了，超過了二十年吧，還曾經拍過一部他的小紀錄片；明星淑楨，因為曾在大愛台工作，也與她相識至少有十年了，他們都可算是公眾人物，都是有著成千上百的觀眾盯著他們看的人。

劉銘的故事很勵志，陽光又樂觀，但這份燦爛卻是從他小兒痲痺而變形的身體上開出的花朵，爽朗的笑容與堅強的意志，是用無情的鈍刀雕刻出的精采；淑楨的故事也很豐富，兒時陰錯陽差哭出來的明星路，讓她從童星演到現在的實力派演員，詮釋過的角色難以計數，楚楚動人或是潑辣率性都難不倒她，但在隨方就圓的演藝路上，她是有個性的，有想法的，不間斷的探索自己與世界，不管是以探險者或迷路人的狀態。

廣播主持人、表演台上的主持人、演員，都是不能隨性又隨意放肆耍賴的工作，而劉銘與淑楨都成功的扮演著精準又專業的角色，他們都是律己嚴格，要求完美的人。然而下了舞台，卸了妝，卻是我更喜歡他們的時刻，他們細膩又有趣，簡單又豪爽，偶像不是偶像，明星也不是明星，但他們的平凡卻因為他們的努力而更顯厚實溫潤。或許是承受的苦難多了，也可能是演過的苦難多了，在這本書中他們對於生命的片段中看似偶拾的機遇與感受，寫來全是好戲。

還記得劉銘在《人生逆轉勝》劇殺青後沒多久，就曾跟我說他想和淑楨一起寫一本書，我當時第一個反應就是：「很好呀！快寫。」雖然當時我一點都不知道他們想寫什麼，想怎麼寫？但那句：很好呀！並非虛應之詞，而是我清楚知道他們兩人非虛應之人，會醞釀出書的構想，肯定是已經備好墨筆，積累了好故事才會出手。

關於《人生逆轉勝》這戲，是劉銘的個人故事，劉銘演自己，淑楨是演劉銘的妻子淑華。真實人生中的劉銘夫婦，在台前令人讚嘆、服氣又感動，台下依舊要面臨所有家庭都要經歷的柴米油鹽生活。劉銘的一生都是戲，從清晨起床到深夜再回床上，全是難題，他真有辦法帶著自己的難題，到鏡頭前面再詮釋自己的難題嗎？在當時我還是這戲的監製時，這就是個非常冒險的決定！飾演人妻對淑楨來說，應是輕而易舉，但要和本尊一起演戲，可是難度相當高的考驗，不只是面對非專業演員的挑戰，還包含了這是「劉銘」的故事，那份真實容不容忽挑戰與琢磨？演員如何拿捏與對待，也真是不容易。

難上加難的人生與拍戲過程，成就了這書的精彩，在他們兩人的筆下世界裡，苦難與試煉盡付笑談中，也萃取出了這書特有的醍醐味吧！

///

劇本以外的驚喜

依揚想亮總編輯
劉鋆

《當偶像遇上明星》是偶像的第七本書，明星的第一本。

讓他們相遇的《人生逆轉勝》是偶像的第一齣戲，是明星的第無數次。

我認識這位偶像一輩子，認識這位明星一年。

這位偶像是我的親大哥，這位明星是戲裡我的大嫂。

偶像的生活裡充滿了格言，明星的日子多是感言。

在這本書之前，我清楚偶像的眾多面向，只認得明星的一種面貌。

但此刻，因為明星誠實的書寫，我也看見她不同的面向：帶著光環的演員、為家庭負重擔的女兒、跟女兒一樣天真的母親，又或者就是一個如她外型的女子。這女子眼睛明亮總是散發光采，但其實腦子是很迷糊的。她身材嬌小，看似柔弱，卻已經練成巨石也擊不碎的核心肌群，當然是心靈上的。

當這樣的一位明星與有「輪椅上的巨人」之稱的偶像相遇時，我們絕對可以預期環繞在他們四周的張力有多麼強大。我曾經跟著混障綜藝團一起到看守所做演出，當然，我只能擔任推輪椅或者幫助視障團員的志工。然而，當淑楨這樣亮麗的明星出現在台上時，整個場面的氣氛完全不同了。淑楨在原本劉銘的詼諧幽默中，添加了鋼鐵人也抵擋不住的柔情；而散發生命的光和熱，原本就是流在偶像劉銘血液裡的一部分，當時似乎也流進了明星淑楨的身體裡。不得不讓人用「天作之合」來形容他們兩人的搭檔主持。

如今，他們走出《人生逆轉勝》，並開始演出另一部人生大戲，編劇也請來了最會安排意外與奇蹟的「老天爺」。只不過在這部人生戲裡，他們脫下夫妻的外衣，扮演另一種扶持彼此的角色，共同主持，共同演講，共同書寫，也共同散發生命的熱力給周圍的人。

依揚想亮人文事業何其有幸能夠將《當偶像遇上明星》這本書納入我們的「城市輕文學」系列，希望透過這兩位作者溫暖的小故事，能讓更多人認識到，用不同的角度看待挫折並尊重生命是多麼美好而重要的事。不論老天爺給了我們什麼角色，必定有其意義，既然人生無法ＮＧ再來，就讓我們學習這兩位作者，不害怕，不退縮，尊重劇本的同時也創造一點劇情以外的驚喜，好讓後世傳頌。

一個好朋友

劉銘

兩人合出一本書，這樣的計劃，早在《人生逆轉勝》這部戲開拍之前，我和淑楨就共商大計，有此構想了。不過，遇到「因為，所以」的理由，如此的想法便胎死腹中。然而繞了一圈後，這本書還是要誕生了，這就是「因緣」，除此之外，找不到更好的解釋之說。

而且饒了一圈後，我和淑楨有更多的認識和互動，開始了混障綜藝團共同的主持工作，以及首創雙人的演講，這些無疑地使得這本書的內容，更加的多元豐富；這時候出書，似乎比之前出是更佳的時機。

由於混障綜藝團經常在全省各地演出，我曾經問過團員們一個問題：「從台北到台灣的最南端的墾丁，最短的道路是什麼？」每個人的答案各有不一，有人索性拿出手機來*Google*一番，試著從地理位置中找出答案，結果沒有一個人猜對。

其實，答案就是：「一個好朋友。」

是的，一路上有好友相伴，沿途說說笑笑、哼哼唱唱，很快就到達目的地了。有句話說得真好：「一個人走，可以走得很快，一群人走，可以走得很遠。」的確，沒有人軟弱到不能幫助別人，也沒有人剛強到不需要別人的幫助，人生的旅途上，有了好朋友的相伴，可以一起分享快樂，分擔痛苦。因為分享的快樂是加倍的，分擔的憂傷是減半的。

淑楨，就是這樣的一位好朋友，我很珍惜如此的緣份。

這本書分為三部分。第一部份，互寫對方；第二部分，對於一件人事物，我們的看法；第三部分，則是個人的生活隨筆，生命感悟等。

一個人振臂叫做起飛，一群人振臂，則能夠改變世界風的方向。不論是我和淑楨，和混障綜藝團的團員們，將會一起振臂高飛。

///

開始

李淑楨

在杜鵑颱風過後的午後
也許就是這樣的契機與象徵
在中山北路後面的寧靜巷弄裡的咖啡館
開始了這個旅程

除了我不知道劉銘大哥為什麼找我一起寫書之外
神奇的 對於書本想呈現的概念
我們 兩個完全不同世代 不同背景的靈魂
想法居然一模一樣

於是他說話我插嘴 我說話他插嘴
再加上亮亮偶而的分享與提問
這趟旅程的方向 定了下來

我替劉銘大哥倒茶的時候
琥珀色的蘋果紅茶隨著霧面不鏽鋼壺的壺嘴優雅地流出
先經過橫跨在紅色正方形的小茶杯上的濾網

然後毫不猶豫地重重墜落在杯中
我的眼神停留在濾網上面真實存在的茶葉片

我心想　就這樣做吧
醇香必須在一定的溫度一定的純粹之後產生
我們的腳步如同中規中矩的正方形
可是那其中的心意卻似杯子般火熱的赤紅
產生的存在是令人不能忽視的重量

我必須專注於我的蕪　如同濾網上的茶葉片
在這位靈魂的巨人面前
我若能去掉我的蕪
這才是功德一件

當然　沒有那位女士　等著迷路的我
張開雙臂迎接我進入這趟旅程
歡迎我在接下來的四個月成為另一個她

這一切都不會如同時間　這麼真實

我記得念大學的校園中
學生們最喜歡用掉落的杜鵑花瓣排成的圖形或文字
就是愛心或是 *Love*
颱風杜鵑走了
留下的也許就是這麼簡單的意念吧

目次

第一部

對看

偶像看明星

劉銘

未必

能夠一起拍戲，未必能夠一起主持，能夠一起主持，未必能夠一起演講，能夠一起演講，未必能夠一起寫書，這中間有許多的「未必」。

能夠一起拍戲，是「因緣」的開啟，然後接下來，光靠因緣是不夠的。主持活動靠的是口齒清晰，機智反應；演講靠的是能言善道，言之有物；而寫書就更不簡單了，除了好的文筆外，人生的歷練、觀察、內涵更是不可少，說穿了，也就是要是一個有故事的人。

究竟是何許人也，能夠集多種能力於一身，這種人即使打著燈籠也未必能夠尋覓得到，但就是這麼幸運地被我碰上了。這個人的名字叫做「李淑楨」，儘管名字是一個菜市場的名，不過，這個人卻是與眾不同。

我不懂得星座，但聽別人說，「水瓶座」的人有一個特性，那就是血液裡流著恃才傲物、要求完美的因子，後來想想，也確實有幾分的如此這般。加上這些年，突破了重重層層的人生障礙，榮獲許多大大小小獎項的肯定，對於要成為好朋友，就更加的挑選，遑論是演變為合作對象。後來知道，她的生日和我差十天，同樣也是水瓶座。

合作，是一件很不容易，或是說極為困難的事，據說華人是最不懂和最缺乏合作精神的民族。我倒覺得大部分的人都是「稜角人」，也就是無論在個性、態度、情緒等方面，都是有稜有角的，要讓兩個甚至更多有稜有角的人一起合作，談何容易啊！婚姻何嘗不是一種「合作」關係，然而台灣的離婚率卻是如此之高，這不就是一個證明嗎？

所幸這兩年來，我們的合作相安無事，反而力上加力，有更好的效果。然而這不是憑空而來的，中間還是付出了許多的努力。譬如事前的說清楚、講明白，事後的體諒與包容，這些都是讓合作這條路能夠走得長遠的方法和態度。

而更重要的是，我們有相同的理念「付出利他」，放在第一順位，其他像自我成長、廣結善緣、金錢收入等等，就依此類推了。這樣的理念，是我一直在做的事情，至於淑楨，她說那是她信奉的宗教，給她的改變，這也是她未來人生的道路，念茲在茲、全力以赴會堅持走下去的一條路。

淑楨信奉的是日本的「真光教」，對於這個宗教，我有粗淺的接觸，還是一個菜鳥。不過，我認為只要能讓一個人改變，朝著真善美之境界前進，就是一個好的宗教。這是淑楨告訴我的，以前她是個自以為是，身上有很多刺的人，是主神的光，在磨她、在洗滌她、在光照她，所以才能成就今天的她。

有人說，一個人走，可以走得很快；兩個人走，可以走得很遠。很慶幸也很感恩，在「志業」這路上，遇到一個人可以陪我一起走，不但可以走得長遠，而且我們在一起的力量是加乘的。

另外，我們還有一個很棒的理念，那就是「學習」，不僅是向周遭的人事物，或是一切可以成長的人事物學習，還有就是彼此學習。生活總在學習的旅程中，發現了生命之美。

因著學習，成就了許多的「未必」，讓許多不可能都變為可能了。

///

接棒

幾年前，就開始思索這個問題。

隨著自己年紀越來越大，歲月土石流勢必會將我的體力和智力逐漸地沖刷殆盡，為了讓混障綜藝團能夠永續經營，讓身障朋友持續有一個藉著表演建立自信的舞台，我必須要找一位主持人來「接棒」。

曾經邀請一位坐在輪椅上的女主持人來觀摩混障的演出，她本身就有主持的經驗，應該較容易接手。然而她覺得我們支付的演出費不多，加上她的外務很多，所以始終時間兜不攏，無法站上混障的舞台，只能說「因緣」未到吧！

還曾經做過這樣的事，在臉書上試水溫，徵求有意想成為主持人的障礙朋友。還記得只有兩個人私訊給我，最大的問題，不是他們的能力、態度等不符合需求，而是他們的年紀都比我還大，又沒有我帥（呵），這樣就玩不下去了。只能說有才藝的團員好找，有能力的主持人難覓。

說帥，是玩笑話，我希望徵求的主持人要有三大特色，口條清晰、臨場反應、富有內涵，當然年紀不能比我大，也是一個先決條件，否則就稱不上「接棒」了。

和淑楨拍完《人生逆轉勝》這部戲後，我邀請她在混障綜藝團的演出中，和我搭檔主持來玩玩。拍戲對她來說是專業，也有過主持電視節目的經驗，然而舞台上的活動主持，對她是陌生且不熟悉的。想不到這個小妮子，初生之犢不畏虎，毫不畏懼地一口就答應。

從去年初開始，到今年十月份（截稿日），我們一起搭檔主持，東來西往，南征北討，快兩年了。在這六百多的日子裡，超過一百場的演出中，從節奏的掌握，氛圍的烘托，說出來的話語，要像一首的美麗詩篇，像一條激盪的河流……。

發覺她一次比一次表現得好，一次比一次令人驚艷，完全符合我的要求和期待，有時候還會出現神來一筆，是一位不可多得的人才，到現在已經可以放心的交託，和日後的交棒了。像六月底的一個晚上，我和她就兵分二路，帶領混障的演出，我在台北主持，她在宜蘭獨挑大樑。現在她唯一要訓練和加強的，就是記憶力欠佳。哈哈。

另外還有一個可能會被「挑剔」的就是，混障綜藝團的特色，就是除了志工，成員當中從主持人到表演的團員，每一個人都必須要有一種障礙，譬如：肢障、視障、聽語障等等。可是淑楨有什麼障？

其實，她也有一種障礙，只是外表不易察覺，看不出來。這時候，我們就會在台上一搭一唱，問台下的觀眾，猜猜看是什麼障？有人猜學習障礙、情緒障礙、器官障礙等。此刻，我就會出聲打住，請大家不要再猜了，否則淑楨會被猜得體無完膚，一無是處。我請淑楨自己宣布答案好了，她到是什麼障。

「業障」。

淑楨表示，自己四歲出道拍戲，已經三十多年了。大家都知道，演藝圈八卦多、是非多、糾紛多，是一個複雜之地，讓她累積了許多業障，所以她決心做公益來消業障。哈哈，這當然只是我們設計的一個梗。

夢裡尋他千百度，尋尋又覓覓，最後反而是「因緣」幫我找到了適當的人選，儘管她沒有身體上的障礙，但我認為「有心」比「有障」更重要。

參與我人生志業的第一課，就是主持工作，因為淑楨夠聰穎夠有心，她才能讀懂讀通了第一課，否則就不會有接下來的第二課雙人式演講，第三課共同寫成了這本書，以及……。

///

當偶像遇上明星

如果能夠猜想得到，那就不叫人生了，因緣何嘗不是如此。

拍《人生逆轉勝》這部戲接近尾聲時，我跟淑楨說，日後我們即使再忙，是否可以每個月至少見一次面，因為我覺得她是一個值得交的朋友，希望我們的因緣，不只有這部戲而已。

然而希望歸希望，因緣就是因緣，希望是不可能牽著因緣的鼻子走的。

如今我們何止一個月只見一次面，有時候會見到整個月份三分之一甚至二分之一的面，比見我老媽和兄弟妹的次數還多，因為她走入了混障綜藝團。這或許就是念力和因緣通力合作的結果。

當偶像遇上了明星，會是一個什麼樣的情形？話說偶像，我是一點一滴逐漸地累積而成的，一切都還在習慣之中，然而淑楨不同，她從小就拍戲，從小就是明星，已經習以為常了。當偶像+明星，會是1+1大於2的加分，還是格格不入的減分。

回顧這一年半的相處共事，不可能是沒有「磨合期」的，卻奇妙地感覺不出有什麼樣的「陣痛感」。或許我們有相近的理念，說出來會讓人嚇一跳的默契，以及彼此的尊重和包容，一切似乎都那麼的渾然天成。

怎麼說呢，明星畢竟就是明星，就是因為有光環，所以才叫明星。不過，有多少光環，相對地就會有多少包袱。

這些時日，她的光環不減，包袱卻逐漸在減少中。現在已經可以素顏出現在我的面前，不忌諱地在我面前化妝、剔牙、耍賴等等，玉女的形像淡化了，真實的自我浮現了。

在其他的場合，經紀人應該會幫她打理得好好的，她只需穿的漂漂亮亮的，負責露臉、出聲、現身，一切就 OK 了。然而她在混障團，卻要幫我推輪椅、引導視障團員行走、協助不方便的女團員綁頭髮換衣服等等，有時候，甚至還要幫我倒尿袋。兩者之間有著天壤之別。

如果她是魚的話，應該游在五光十色的大海裡，怎麼願意甘於悠遊自在於公益慈善的小池塘中。慢慢的，慢慢的才發覺，這跟她所信奉的宗教有絕對的關係，利他與愛，是她的神理教義之一，不會像許多的藝人善於作秀，擅於將公益慈善掛在口頭上，她是實實在在的身體力行，如同她在 LINE 的封面所寫下的那句話，「付出是唯一寫下生命印記的正道」。

///

雙人演講

大家聽過雙主播、雙主持人、雙人相聲，但一定沒有聽過「雙人演講」吧！今年（二零一七）我和淑楨就推出了雙人演講。學校、監獄、民間社團、福利機構等，都曾留下我們雙人演講的「聲」跡。

雙人演講要怎麼講？誰先講誰後講，這樣會不會各說各話，焦點無法集中，精彩度下降。

現今的學校，教育部為了倡導「生命教育」課題的重要性，訂定各級小學、國中、高中等學校，都必須配合執行，於是有了「生命教育」週。生命教育週最常安排的就是演講，尤其是邀請所謂的「生命鬥士」到校演講，一時間，身障朋友就變成了搶手貨，只要有些作為，能夠突破障礙的人，就會被爭相邀請，若還有一些知名度，邀約訂單就更絡繹不絕了。我就是在這樣的世代，這樣的氛圍，走上了演講的舞台。

然而這三十多年演講下來，發覺演講開始式微，走下坡了，即使已經覺得自己演講得很厲害了，還是會有些同學昏昏欲睡，還是會有些同學竊竊私語，還是會有些同學心不在焉。我當然了解「2080」法則，任何的一場演講、活動，乃至於看一場電影，只要80%的人說好，那就是成功了，不可能討好每一個人，讓每一個人都喜歡。

不過，我這個人不喜歡墨守成規，流於自我感覺良好，最後被淘汰了，才怨東怨西，懊悔不已。我總是自勉，求新求變，精益求精，否則，也不會創立了混障綜藝團，成為宣導生命教育的奇兵，以及現在的雙人演講。

由於我和淑楨經過了一年混障綜藝團雙人主持的歷練，培養了良好的默契，所以在雙人演講中，可以一搭一唱，就像主持活動一樣，讓演講變得活潑有趣，令人耳目一新。除了一搭一唱，有時候又會換化成一前一後，最後再合為一體。

除此之外，每一場演講之前，我們都會一起討論，內容的編排，架構的嚴謹，以及該搭配什麼樣的影片，是否具有教育意義，能夠產生什麼樣的激勵作用。當然也不會忘了穿插一些逗趣好玩的梗，讓大家哈哈一笑。

有句話說，機會是留給有準備的人，我認為，成功何嘗不是留給有準備的人呢？就這樣，雙人演講要比傳統式的單人演講，大大的加分，也大大的吸引人。

未聽演講前，許多人會認為我的內容會比較催淚，淑楨的會比較搞笑，但剛好相反。喜歡聽她童年的故事，她的童年苦澀多於歡樂，拍戲辛苦賺的錢，都被愛賭博的父親輸光了，拍戲對她並非與眾不同的光環，而是必須承擔家計的勞苦。另外更讓她驚悚的事，父親是一個有暴力傾向的人……。

往往說著說著，她就哽咽了，就流淚了，就說不下去了。因此，讓台下許多的聽講者為之動容，紅了眼眶或跟著流淚。

有人問我，淑楨是演員，她的眼淚是不是「演」出來的。因為我跟她的相處夠久，了解夠深，知道那不是偽裝出來的眼淚，而是真情的流露。我喜歡看她流淚，因為每一次流淚，就是一次內在傷口的洗滌；每一次流淚，就讓自己多一點勇敢。她已經愈來愈能放下她的明星包袱了。

一生一定要看一次混障綜藝團的表演，同樣的，這是一場散播正能量的演講，人生充滿正能量，走到哪裡都發亮，一生也一定要聽一次我們的雙人演講。

第一部

對看

明星看偶像

李淑楨

正面過頭

一開始只是從製作單位、大愛台人員口述這樣的故事這樣的人，聽說是一個相當聰明有毅力的人，心想就是類似「口足畫家」、「汪洋中的一條船」這樣的勵志故事，特別的是，他必須自己扮演自己。而劇本中認識的這個人，機智、積極、充滿勇氣，對我來說，妻子的角色不太困難，困難的是，怎麼跟素人一起演夫妻，這件事需要琢磨，尤其對手是一個人生歷練如此豐沛的人。

開始工作之後，第一個印象就是，劉銘老師的台詞很多，私底下的話很少。大部分時間，感覺得出來，他都是處在一個觀察者的位置，看看戲劇工作怎麼運作，聞聞每個人之間的關係糾葛，如果偶而可以聽到他不是在說台詞的聲音，那麼一定就是他在搞笑或是亂唱歌，製造歡愉的氣氛。這點跟我非常相像，我也不是一個一開始就會大聲嚷嚷的靈魂，新的環境、新的團隊、新的氛圍，傻瓜才會在一開始一切都不明朗的時候，大聲叫囂成為箭靶。果然聰明，事實上是太聰明。因為不只是一開始，甚至是到了殺青，老師都不曾大聲嚷嚷。以一個連續劇的男一來說，這是奇蹟，如同老師的真實人生一樣，是個堅持而來的奇蹟。

戲劇工作的拍攝，套句老師在殺青之後說的話，「真不是人幹的！」。每天天未亮就是出發之時，一整天的戲份完成，回到家，晚間十點算早，卸了妝、梳洗完成，等著你的是明天的七、八頁劇本要進入腦中。這麼週而復始的工作型態，我們本就是職業演員，早就有心理準備，不過有時候，心理準備也敵不過身體的疲憊。劉銘老師，這檔戲的男主角，甚至可以說，這檔戲是因為他而存在，從我九月初進組，到隔年一月底殺青，我沒有聽到任何一句抱怨的話，這句話，真的不誇張。沒有聽到任何一句抱怨的話，是泛指包括沒有負面的言語，這句話，也真的不誇張。

寫到這裡，可能上面的兩句話，沒有辦法讓大家心中有任何的畫面，對不起，我重說。

台灣戲劇工作的環境，只有鏡頭框影像範圍內的陳設，是像回事，鏡頭框外面的樣子，用「凌亂」這個形容詞，已經算是仁慈，如果不說這是劇組的現場，其實就是資源回收廠或是垃圾場。我們沒有多餘的經費可以提供美術、陳設，擺放多餘的物品，也沒有足夠的空間讓技術組的攝影、燈光，擺放大量的器材設備，當然就更不會有餘下的思考或是特別騰出的人力，去安排讓現場所有總是在等待中的演員，有個休憩的地方。所以，常常看到的是，一張小小的躺椅，擠在小小的房間，旁邊是所有美術組的陳設道具，走出去的動線上，都是一件件非常堅硬貴重的技術器材，躺椅能完全張開已是寬敞至極，該感激涕零。老師坐的是輪椅，雖然總是有個人專屬的座位可以坐，不用擔心沒有椅子，但是，進進出出的人潮，現場的吵鬧、搬器材的聲音，即便有了空場，也是不可能可以好好睇上十分鐘的。

再來，拍攝外景時，哪怕颱風下雨、颱風冰雹，演藝圈有一句很粗俗的話，「就算是下大便都要拍。」。所以，我們有好幾天，在外景時，遇上台北罕見下雪的那良辰吉日，這還不算巧，真正巧的是，拍攝的橋段，都是夏天、春天的戲碼。所以，可以想像了吧！一早到現場，還沒開始第一顆鏡頭，頭已經被冷冽的氣溫凍到不知今夕是何年。我們感覺冷，可以起來活動，讓身體稍稍暖和，老師，可是個活體冰棍，他只能穩穩的讓自己和冷空氣做朋友。我記得，有一天，一整天的外景，台北用如同地球快崩解的冷陪伴整個劇組，晚上的夜外景，我到了現場，只見劉銘老師被層層的外套包覆，只露出一顆頭。雖然如此，因為他沒有辦法活動，身體仍舊冰冷的可以。我走近他，遞上我的薑湯，他才輕輕地吐出一句話，「我真的好冷……」。我覺得，這是與他一同工作這數個月，聽到他說的最接近抱怨的話。但是，我知道，這不是抱怨，一點都不是，這是他的意志在跟身體拉扯之下，唯一的投降。

上述提到的，是不可抗力的天候因素，是由來已久的市場經濟限制，這還沒加上，工作人員因為過度疲累，而必須仰賴的香煙檳榔製造出的空氣。一天在這樣的工作環境中，任誰都可以微笑面對，兩天在這樣的工作環境中，稍有成熟意識的，也是輕而易舉。一個月在這樣的工作環境中，職業演員完全沒有問題，談笑風生還可彩衣娛親。兩個月、三個月在這樣的工作環境中，能夠調和心中的負面情緒已經算是相當有修養，也算看破。四個月、五個月在這樣的工作環境中，一個素人演員，可以沒有任何一句抱怨的話語，如果不是我真的在身邊看著聞著，我絕對嗤之以鼻，不會相信。

記得有一天的下午，照慣例，午飯後，請經紀公司幫我帶一杯咖啡，以對抗午飯後的瞌睡蟲。我問老師要不要喝，其實我早知道他不需要，因為他不喜歡被咖啡制約，他相信自己的意志力勝過任何外力。長久以來，我認為自己在人群中，已經屬於意志力前段班的同學了，不願意接受有人比我厲害，更何況是一個坐在輪椅上的弱勢者。我很壞的，強迫老師喝一口咖啡，老師知道我幼稚的心思，笑笑地喝了一口。得逞了之後，我的表情雖然賊頭，但是我知道，在這個坐在輪椅上的小巨人之前，我們都顯得渺小。

這樣的合作，在「李淑楨」的維基百科中，只是增加了一部戲劇的名稱，但是對於李淑楨的人生來說，增加的，是說不清楚的繽紛。感謝這個正面過了頭的小身體，感謝這個心靈如此壯大的小巨人。下次，還是要繼續逼他喝一口咖啡，這樣，心智的距離才會近一點。

好記憶過頭

有件事，其實我一直搞不清楚，我背了三十幾年的劇本，從來就不是一件困難的事。有的場次，就算角色的台詞佔了半頁A4的版面，對我來說，這樣背誦的技能也不再是困擾我的事。我記得有一次，演的是一個市民代表，一整天要拍質詢官員的戲碼，有的時候是質疑下水道、有的場次是針對車站的治安進行詢問，一整天大概七、八場戲，我也仍舊輕鬆過關，這樣的技能常常讓現場的工作人員都深感驚奇。

但是，國中高中時期，我的歷史地理是出奇的爛，整個高中三年，我的歷史成績沒有一次是及格的。這件事，其實常常讓我的父母，或是親近好友相當不解。如果說，背科是我的罩門，但是我的國文、英文、三民主義這類很需要背的科目，又常常是名列前茅。帶著這樣的怪異狀態繼續長大，後來我又發現，昨天、前天的對話過程，誰先說了什麼、回答了什麼、當時是在什麼場景、做了什麼動作，我完全可以複製。但是，半年前合作過的工作人員，再見面時，我卻喊不出名字。其實，這樣是挺尷尬的，我可以記得我們一起在什麼地方，經歷了什麼事，可是我就是叫不出對方的名字。

後來我整理出一個概念，也許長時間接觸影像工作，所以，對於影像記憶的潛力，我是被高度開發的。而劇本、角色、劇情發展、走向，都是有前因後果，有邏輯相關性，所以，我可以依據這樣的發展來判斷記憶。而像歷史、地理或是人的名字這樣單一事件的記憶，沒有相關性、沒有邏輯性，我就只能像是個沒包尿布的寶寶，任其隨地四散，毫無解決的能力。除非，要一直書寫，用眼睛協助圖像記憶，才能勉強記住。

與劉銘老師開始合作主持、演講的初期，老師常常會在往返目的地的高鐵時間中，和我對未來的行程。有的時候對的是下星期的行程，有的時候是三個星期、一個月，甚至是半年後已經預定的演出。常常，一個星期過去了，當老師再次說起某場特定的演出時，我會露出朦朧的眼神，老師相當驚恐，發現眼前這個和他拍戲時，台詞流暢、動作完全連戲的女孩，此刻怎麼跟個白癡一樣。行程的事情還好解決，現在我可是雙管齊下，記在手機的行事曆之外，還一定會寫在紙本的手帳本中，預防自己又失憶。

真正恐怖的，是老師一段時間就會出一些功課給我。例如，每天的隨筆功課，或是針對某個受訪人士提出的訪談大綱，有的時候，也許是某個需要思考的問題的回覆，我記得的機率大概是百分之二十。最讓老師哭笑不得的，是每次混障主持的時候，才剛剛彩排完的表演曲目，半小時之後，我拿著麥克風還是說錯。還好老師閱人無數，針對我這種提早老化的症頭，老師從一開始的驚訝、不相信，到現在的淡定與心理準備，他做了極好的調適。我也不是不認真或是冥頑不靈，彩排完，我會一直背誦大家的演出曲目，但是一場演出下來，七、八首的曲目，就是很難可以完全背得正確。我想，這一部分的能力在我的腦袋中，真的亟待開發。

和我相比，老師高度的記憶能力，實在讓人驚奇。我忘記的功課，他完全可以記得，跟我對的行程，他完全可以記得，什麼時候要交誰的提綱，他完全可以記得。這樣，要怎麼合作啊！一個記憶白癡跟一個記憶天才！現在，我真的善用手機的記事本，哪一天談了幾條工作、什麼流程、什麼地點、所有必須特別注意的細節，一條一條地記下來。而老師也發揮了保母的功能，時時提醒、叮嚀，從來沒有遺漏。有一次，我還得意，老師漏了提醒我兩天之後的演出，心裡還偷偷的想，見面的時候可要好好糗他一下。豈料，老師是因為知道，團裡的舞監已經提醒我了，所以就休息一次。我呢，虧人不著，還糗到了自己。

算了啦！以後這樣的壞念頭，我還是想都別想，好好認份的寫下來比較踏實。老師常常會說，「我肯定，妳以後應該會忘記我這個人。」。我不敢否定，但是就算我真的忘記了劉銘老師這個人，我也一定會記得，有一個坐在輪椅上，眼睛大大的、頭大大的人，記憶力好得讓人害怕。哈！

羽毛

///

導演 在一個劇組現場工作的環境中是非常權威的角色
雖然每個導演或溫柔或嚴厲或陰沉或直白或民主或強勢
不過 他的權威性都不容置喙
不然 小則十人 大則數百人的組織將動彈不得

劉銘大哥 雖說也算是半個公眾人物
見過的場面 經歷過的風雨 不是開玩笑的
可是要來面對 男主角 的身分
現場的壓力 也絕對不是開玩笑的

任何一個有經驗的演員
都有可能因為個人情緒 身體狀況 現場干擾 導演指導 對戲演員影響
而失了表演過程中的自在

更別說是演員處女秀的劉銘大哥了

有的時候 再有歷練的表演者
都會因為導演的一個提醒或是疑問而懷疑自己
今天和劉銘演戲第三天
奇怪 劉銘一個素人怎麼都沒有任何慌張 懷疑 緊張

這件事太不可思議
當導演喊 卡
請攝影師把機器拆下來播放剛剛拍攝的鏡頭給他看
二十幾位工作人員屏氣凝神等待
導演不經意用演員才聽得懂的術語
解釋這個情緒的前因後果
說明台詞背後蘊含的潛意識
重新定義劇本裡面的逗點句點
劉銘沒有任何一點慌張 懷疑 緊張
只是專注地聽 認真的問

太不可思議

我好想知道 你的人生
究竟還經歷了哪些三十三本劇本涵蓋不了的細膩
讓你可以在現在這樣龐大的未知中
如此真誠的面對自己 如此謙卑的面對他人
如此的泰然自若
彷彿 你不存在限制 不存在形體
輕盈的 若一葉羽毛
輕的讓身邊的所有人都自在
卻重的 想跟著你 飄移

///

耐心過頭

這個世界，因為3C的發達，人的耐心其實越來越稀薄。遙控器太方便，智慧型手機、平板太方便，網路購物、電話外送太便利，沒有什麼需要等待。所以，紅燈太久會生氣、餐點太久不上桌會暴躁、溝通時間超過十分鐘會吵架，一切事務的發展必須在五到七分鐘完成，否則就是不符合現代人的經濟效應。

但是，從我開始跟著劉銘老師學習演講、學習主持、學習寫作開始，他給我的耐心，我覺得就像北極的極光一樣，美得不像話。

我是一個極端自律又極端隨性的靈魂，高中三年級上學期之前的五個學期，除了參加校際活動公假外出之外，六百八十個日子，我連遲到的紀錄都沒有，就是個全勤寶寶。高中三年級下學期初，我即以推薦甄試的方式考上台大社工系，從知道放榜的那天起，我便讓自己提早過暑假了。大學時期，必須要打工度日養活自己，我仍舊以全勤的姿態，每天下午四點多進高中的補習班工作，到晚上十點下班之後，一個星期有三天，我會去當時在敦化北路的飯店地下室舞廳，跳舞跳到凌晨三、四點。也許是逼迫自己的力量太大，所以，隨性放縱的力道，也是相當的驚人。

從劉銘老師下定決心要開始調教我這個難搞的靈魂，就註定了我逃不出五指山的命運，也展現了他高超的氣定神閒。老師總是先循循善誘，「話」出美好的教條數條，然後輕鬆地加上附加條件，再賦予最誘人的讚美來讓我就範。當然，我也是背過很多劇本的演員，知道他的話中，真誠無敵，卻充滿技術。我雖然看破他的心機，卻毫無反駁的立基點，因為他說的每一件事，都是他自己已經走過的路，達到的成就，所以，善辯如我，也只有閉上嘴巴、無奈微笑的份。

雖然主持、演講、寫作，都是從這樣一面倒的起點開始，頑強的我，仍舊時不時用我的小聰明，企圖尋找一個縫隙鑽出去，希望可以在夾縫中，拉上一隻水鴛鴦示威一下，挫挫老師的銳氣，拉抬一下我的聲勢。但是俗話說，「我吃的鹽比你吃的米還多。」，老師怎麼會看不穿我這些小孩子的把戲，孫悟空是逃不出如來佛的手掌心的。但是充滿耐心的他，絕對不會直接戳破我的伎倆，老師總是會研發出另外一個建議或是另外一種方法，讓我還沒來得及沙盤推演後果的嚴重性，就答應的糊裡糊塗。幾次上當之後，我發現，再多的招數都沒有用，最有用的方式，就是直接耍賴，就是直接說「我現在不要」。這樣直白的耍白癡，老師居然在第一時間，只能傻笑了。說傻笑，那倒也真不是，老師知道我總是一隻迷途知返的小羊，給我足夠的耐心，我總是會深知「老師」的用心良苦。

兩個水瓶座的靈魂湊在一起，不是完全無法相處，就是完全被看透制約。對於我這個抓不準什麼時候想打混、什麼時候甘願上進的頑強靈魂來說，老師用奇蹟般的耐心對付我，於是，主持上了小小的軌道，演講上了小小的軌道，寫作上了小小的軌道。這真的也是老師，永不放棄、創造奇蹟啊！我想這樣的循環應該還是會一直運作下去，別擔心我，我還是會繼續尋找扳開緊箍咒的方法的，哼！

///

第二部

偶像坐著說 明星站著說

一事兩面

有量更要有質

劉銘

如果只是為了像許多人追求的「量化」，就不可能這麼做，不可能來到海拔一千兩百公尺的偏鄉學校了。

汽車不斷的向前挺進，一路上，房舍越來越少，人煙越來越稀，千里迢迢，翻山越嶺，來回必需十小時以上的車程，尤其行駛在力行產業道路，顛簸崎嶇的山路，宛如坐雲霄飛車，完全不知盡頭在何等遙遠之處，最後來到了南投紅葉國小。

紅葉國小幼兒班加國小學生只有三十多位，為讓更多人參與，學校還邀請了學生家長，以及紅香部落的朋友們，全部也不過一百多人。然而當你看到這些孩子，把你當作他們同班同學喊你「劉銘」，他們天真無邪地臉龐看著你，將你包圍起來和你握手，以及混障綜藝團演出時，如雷的掌聲和歡呼聲，你會覺得那是一群天使，只是被許多人遺忘在缺乏資源的深山之中。

看似缺乏的他們，或許什麼都不缺，他們樂天知命，他們臉上的笑容，彷彿來自海洋的水，永不乾涸。而這些反而是居住在城市似乎什麼都有的我們，最匱乏的。

其實，我們並沒有帶什麼物資上山，我們帶去的只有愛的正能量，讓孩子們知道，未來人生如果遇到任何挫折困難時，愛是最好的法寶和武器，用愛化解礙就對了。

我們在乎的是「質化」，因為每一個生命都是獨一無二，無可取代的，只要有一個孩子得到激勵，或是在團員的身上學到了些什麼，就值得我們這麼做了。

///

高山的孩子

李淑楨

舞台上站著一群，穿著傳統泰雅服飾的孩子，當他們唱出第一個音，我就想哭了。

「力行產業道路」，這個總是在新聞中聽到的道路名稱，總是坍方、總是落石，如今真正領教了它的威力。這段坎坷的路程，那已經不是用四輪傳動的車子，避震器比較硬可以來形容的。到底是個什麼狀態呢？就是屁股會隨時彈起，離開坐墊的狀態。我在後座看著坐在前座，矮我們一截的劉銘老師的頭顱，搖晃得比節拍器的擺杆幅度還大得多，我開玩笑地要劉銘老師戴上安全帽會不會比較安全。一個小時的搖晃顛簸，另外一車的團員，原以為可以輕鬆看山景，還買了咖啡打算在路上好好享受，豈料手上的咖啡，拿在手上，硬是一口也喝不了，全部灑了出來。而我身旁的聽語障團員，也許是耳朵內部的構造受損，平衡感沒那麼的好，所以居然還可以悠哉地滑手機，完全不受暈眩之苦。

隨著高高低低的山巒過去，小巧精緻的屋頂進入我的視線。乳白色尖尖的頂蓋鑲上藍色的馬賽克磚，立刻就飄盪著這間學校獨特的泰雅味道。而新式的校舍，和周遭的山區房舍相較，也彰顯了921之後，台灣堅韌的生命力。孩子們彷彿可以穿越山谷的高亢問候聲，驚醒了我們這些都市來的旱鴨子。

趁著彩排前的空檔，我偷溜出來，想一步一步感受這座山區部落的小學校。隨著一層一層的樓梯、一間一間教室的晃悠，孩子害羞的臉龐和牆上掛著的、顏色鮮豔無比、情緒豐滿飽足的畫作，形成了強烈的對比。孩子們雖然怕生，拍照時卻自然的將頭靠上我的肩，雙手自然地摟著我的腰，那一點也沒有讓我不舒服，這件事很奇怪，因為通常我很不習慣與陌生人拍照時的肢體接觸，但是孩子的動作，卻讓我覺得理當如此，彷彿，他們就是這樣懷抱著自然，是這麼的協調舒服，沒有任何的造作虛假。還是，因為這段山路，把我們都市人有形無形的偽裝，都抖落了下來。

在演出的一開始，孩子們為了歡迎我們，練習了一段泰雅母語歌謠，第一個音一唱出來，我就想哭了。那羞澀純粹乾淨，穿透雲霄的聲音，我完全被征服，是這麼的療癒。接下來，在演出的每一刻，一直有一個問題在我腦海裡打轉，「我們這些都市人，到底還能給他們甚麼？」，他們是這麼單純接受著這山區裡的一切豐腴與一切限制，心中沒有比較、沒有卑微，滿足於天晴路遙、滿足於分享給予，他們有缺乏嗎？我們真的還能給嗎？和他們手牽手，完全不顧會不會，有沒有跟上拍子的，在台上跳完最後一支舞蹈，一直敲打我的那個問題，有了答案。

///

「擁有的從來就不需要那麼多，生命就可以那麼簡薄，卻又同時這麼豐滿……」，在這座山區小學裡，我聽到這樣的音韻，一直迴盪著……。

我的心被觸摸了

劉銘

結束了花東的演出，回台北的普悠瑪號上，有一位中年大叔，名字叫做張洛銘，過來和我們說話。他表示，自己是一位更生人，因為吸毒進出監獄多次，在苦牢裡蹲了十一年，出來後已經十二年沒有再回去了。

想起了之前台北看守所黃所長對我說過的話，他說吸毒者的回籠率最高，統計出的一個數字 87%，也就是每出去四個人，就有三個人回籠。他接著問我，另外一個人為什麼沒有回來，我搖搖頭的表示不知道，他說，另外一個人在外面吸毒吸死了。可見戒毒這條路是漫漫長路且困難重重的。

心想，這位更生人為什麼要跟我講這些呢？接著他才娓娓道來這一件事情。他說他對我有印象，在服刑期間，曾經看過混障綜藝團的演出。他形容受刑人的心都是很硬的，但那一次他的心被觸摸到，讓他感動不已，如果身體有障礙的朋友，都能夠愛惜生命關心他人，好手好腳、四肢健全的的他們，為什麼不如這些朋友呢？

就是這句「我的心被觸摸了」，就在此時，我的心也被觸動到了。

這些年，混障的足跡經常進出監獄，我就在想一個問題，這些收容人想法觀念，幾乎都已根深柢固，難以動搖了，我們這種充滿正能量的演出，究竟對他們會產生什麼的啟發，造成什麼樣的影響。

同樣的資源，同樣的時間，若是將演出帶入校園之中，對於還像一張白紙，是非價值一切還在形塑當中的學生，成效是否會更大呢？這一直是心裡的一個掙扎與問號？

很慶幸有如此的火車奇遇記，很感謝這位更生人，拋下顏面自告奮勇的告白，讓我的疑惑得到了解答，之前會在乎「量」的增長，如今讓我體悟到「質」的變化，在這過程當中，那怕只有一個人改變了，就值得我們繼續做下去。

之後，邀請他上復興電台「大小一家親」廣播節目和台北看守所立德電台「人生好好」廣播節目。尤其是後者，一般聽眾是無法聽到，只有裡面的收容人才聽得到節目，藉著更生人的現身說法，來鼓勵收容人，是最有效果與教化功能的。

訪談中，更清楚的得知，他是在監獄中得到了福音，才能夠擺脫毒品的綑綁，走出揮之不去的心魔。現在的他，是一位虔誠的基督徒，口中不斷的讚美神、感謝主，這期間並完成了他的自傳《出死入生》一書。

我打趣地跟他說，目前缺一位保鑣，他是否有興趣來擔任。他總是答非所問地跳開問題，不知是不是受到吸毒後遺症的影響。呵呵！

火車不斷的向前，我的心也跟著向前。

///

天使的證明

李淑楨

和混障演出，從去年三月開始，竟已經超過一年。從來沒有對這樣的學習有過任何的疑慮，就像太陽一定會升起一樣，沒有任何的遲疑。

四月底的傍晚，我們結束了兩天一夜的花東演出，台東女中滿滿的眼淚和歡呼，陪著我們搭火車即將返回台北。花東永遠是一個充滿魔力的地方，仰頭可見的遠山、流動的空氣，煩惱不會停留超過一個小時。上了火車，四個多小時的車程，我已經準備好，把這趟花東的點滴像影片記錄一樣，順序的在回憶中歸檔，誰知道，故事還沒結束。

火車駛離了台東，飛速的往都市前進。搖晃的太魯閣號，弄得我暈頭轉向，正準備進入夢中，幻想我在天堂的街道漫遊，嗯？天堂出現了！

「張洛銘」一個塊頭不小，臉上帶著羞怯，聽得出來不善言辭的中年男子，循著團員身上的制服，蹲坐在老大的面前。原來，早在十幾年前，他在監獄看過混障的演出，當然這過程中進出監獄十數年，離開監獄也已經十二年不曾再回去。他慢慢說著他的故事，曾經吸毒的腦袋，也只能允許他慢慢的說。詳細的細節，我其實不太記得，但是有一句話：

「我們在裡面的，心都很硬啦！甚麼教誨師說甚麼道理，我們都聽不進去，可是你們的演出，讓我覺得，我的心被撫摸了！如果，你們都可以做得到，我們怎麼不能。」

常常聽到人家會說，聽到了甚麼或是看到了甚麼，身上會有雞皮疙瘩的感覺，那一刻，聽到這段話的那一刻，我感覺到了，雞皮疙瘩。這是一個天使的見證，他來告訴我們（我現在是我們），十幾年前的行動（我還不是我們），在他身上彰顯了甚麼樣的效果。我卻覺得，他此刻鼓起勇氣的這個行動，觸摸了每一個團員的心，眼睛看不見的、坐在輪椅上的、少了某些肢幹的，還有我，心中常常有障礙，非常不完美的，每一個團員的心，在那一刻，都長了雞皮疙瘩。

在離開監獄之後，他進入教會的更生人重生系統，經歷了一段努力，現在的他是教會協助更生人的講師，和混障一樣，為了社會的正面能量，四處奔走。他的經歷，寫成了一本書，希望能夠幫助像他一樣活得很硬的人，希望藉著他自身的生命，去真真實實的撫摸他人。

回到台北，稍晚，我的粉絲頁上出現了他的私訊，他跟我抱歉，說在火車上沒有認出我，不知道我是藝人，回到家聽友人說起，才知道我是誰，說很高興認識我，又貼了很多他想跟我分享的資訊。

我只是簡單的回覆，告訴他真的沒有關係，不用放在心上，請他繼續加油。其實我真正想說的是，我是誰根本就不重要，我曾經做過甚麼根本也不重要，重要的是，我現在此刻在做的是甚麼，我想繼續成就的，又是甚麼。虛名就像上一秒的空氣，早已不知去向，我卻想實實在在的在這一秒的吸吐之間，找尋我的重量。十年後，我希望，也許在捷運上、也許在某個陰雨的下午，有一個人可以鼓起勇氣，走到我的面前，告訴我，我曾經用某些行動，觸摸他的心。這才是我在人生告別的那一刻，最想成就的事。

火車上，他真的沒有和我多說話，我在他蹲著的背影背後，靜靜地拍下了他和老大談話的照片。雖然現在手機拍照非常方便，但是，除了美麗的風景，我很少主動拍照，但是，這個背影，我不能不拍，因為這是天使的證明。

///

新年快樂

劉銘

今年的最後一天，再過幾個小時就要倒數計時了，許多人蓄勢待發，以不同的方式跨年，我選擇寫一些東西，二零一六感恩有你，二零一七一起努力。

最後，往往使人陷入回顧。

二千五百多人的盛況，台中嶺東高中的禮堂，密密麻麻，滿坑滿谷，許多學生宛若成了連體嬰，寫下學校人數最多的新猷，為混障綜藝團今年的演出譜下休止符。

序曲拉到上半年，是今年的低谷，不論我或是混障的演講或演出不及五十場，到了六月的中場時刻，「人生逆轉勝」吹起了號角樂曲，接著調性越來越激昂，下半年的場次竟然拉升一百多場，很多時候，我和混障的生命曲線是重疊著。

十二月的某一場演出，酬勞微薄，但還是秉持著「廣結善緣」的原則接下來了，想不到觀眾深受感動，打賞的錢，是演出費的二十倍之多，這何嘗不是老天眷顧混障所賜予的大紅包。

如同我的生涯裡，再怎麼也想不到，能夠赤手空拳地打造出混障這樣的平台，讓有才藝的身障朋友，找到一展所長建立信心的舞台：再怎麼也沒有想到，像我這樣的一個重度障礙的素人，可以跳入電視螢幕，自己演自己當起男主角。這許多的許多，這種種的種種，發覺最會編寫劇本的，還是老天啊！一言以蔽之就「謝天」吧！

最後一夜、最後一次、最後一場……。最後總給人無奈與不捨，想珍惜卻已經到了最後，彷彿被無常逼到了死胡同，無法逃脫。所幸我們的最後不是最後，只是為今年劃下一個句點，明年還是要繼續。

///

一點點

李淑楨

又是一個以高鐵迎來的早晨，歪歪扭扭的上了車，高高低低的下了車，以喧鬧起始，以感動做收。其實這樣寫，是可以放在每場混障的演出，但是，一個以「人」為主軸的表演團體，表演受眾是在「追尋人的意義」這條路上，尚是模糊或是迷路的羔羊，怎麼可能，一年接近一百五十場演出，皆能一概而論。

台中嶺東高中，四月曾經造訪演出，因應學校的邀請，在這年末的倒數第二天，再次造訪。學校、董事、社會團體的成全，這場二千五百人的演出，才得以實現。以一個團裡的菜鳥來說，今年五十幾場的主持中，這禮堂的設備與空氣中瀰漫的些微油漆味，也夠我判斷，這是個嶄新的綜合中心，而孩子在學校中活動的比重，如同這個禮堂一樣，豐富新穎。

演出一如既往的開始，孩子的笑聲、凝視、歡呼、不語，就是孩子，毫不掩飾。在結束前的某個片刻，大哥問了我，五十幾場的主持，我到底收穫了甚麼。我想，這必須基於幾個不同的層面來說。首先，在工作型態這方面來說，本來習慣演譯的我，經歷了這些日子的歷練，更能夠以最舒服的狀態，面對舞台，這和演戲在最基本的要求上是一致的。但是，很不一樣的的是，在演戲的當下，你要面對的是戲劇當中的其他表演者，甚至有時候，要面對的只有自己。主持，從麥克風發起第一個音開始，你要面對的，就是所有現場人事物的狀況，這是截然不同的。所以，我曾經寫過，主持，是一個需要超級大心臟，卻又必須具備針線般細膩心思的工作。

這是就工作屬性的層面來說，再往心理的狀態走一點。這五十幾場的相處，我看到了「不足當中的火光」。因為不足，所以，生命發展出各式各樣的獨特；因為不足，生命願意真誠的面對自我、對另外的生命開放；因為不足，自卑昇華成一種真實的動力、擁抱當下；因為不足，互助協調成為這群生命，最重要的滋養。

如果今天你是一個受訪者，也許有時間有機會可以完整地說出以上這些豐滿的收穫，但是，主持，永遠將受訪者、觀眾放在最前面，如何讓他們笑、讓他們哭，這才是重點。所以大哥在舞台上的那個問題，我只回答：「一點點勇氣。」。「如果沒有手沒有腳的，都可以做到，那我們這些好手好腳的，到底有甚麼做不到？有甚麼值得去放棄？」

每次一點點勇氣，每次多一點點，我最大的收穫，竟也是「不足」……。

回程的高鐵上，夕陽溫柔的展現它的變化。今天，我的心中，累積了一年的每一次一點點，我想，許下的來年希望，應該有更多實現的可能，至少，我不再擔憂害怕，因為本就「不足」，每走一步都是獲得。

///

有一條路叫偏鄉

劉銘

有一條遙遠的路段，叫做偏鄉學校，偏偏這兩個人喜歡走上這條路。下了高速公路交流道，逐漸地，都市的塵囂愈離愈遠，映入眼簾的是遠近交疊的青山，如棋盤般地禾田，還有藍天白雲。

憲明國小僅有八十多位師生，我們到達時，孩子正在享受三十分鐘的下課時間。據說這是縣政府送給他們兒童節的禮物，遠離3C，保健視力。

其實，都市的孩子們比鄉間的孩子，更需要如此的下課時間，然而前者卻將大部分的時間，汲汲營營地追求課業的分數。

我們的出現，從來不想鼓勵學生們要努力讀書，有好的成績。淑楨告訴孩子，儘管自己受過的苦與痛，卻為此「一切感謝」。我則述說著，腳無法行走，手無法舉高，端坐輪椅，一樣可以「幫助別人」，更何況孩子們有著老天賜給他們好手好腳最棒的禮物，他們可以做得更好。如此的現身說法，無非就是希望帶給他們「正能量」。

演講時，有幾位低年級的小朋友，一邊看著影片，然後又轉過頭來看看我，如此的動作，讓他們重複了好幾次。他們一定是很好奇，為什麼影片中的人物，會出現在他們身邊。

每每他們轉過頭來，都會和我微笑以對，那是天使的微笑，也是最美麗的風景，令人百看不厭，會心一笑。

回程的路上，山巒映照出孩子專注的眼神，藍天白雲彷彿孩子們的笑容，儘管這條路是遙遠的，相信我們還是會再回來的……

界線

李淑楨

///

出了雪隧，山和雲無界限的依偎，預告著今日的不同。

車子行經環市道路、市區道路，再次回到市郊，兩旁的路樹，以悠閒的姿態展開。紅褐色的樹皮，參差不齊的綠，倒叫都市的眼睛看了個新奇。

路的盡頭，小小的兩個出入口，幾乎被植物遮掩，那呈現彷若宮騏駿「神隱少女」的作品，走進隧道後，將進入另外一個世界，充滿靈氣的世界。小小的校園，盡是綠意，車子停下的位置，往上一瞧，緩坡上有好幾個露營用的木造平台，平台邊的草地光禿，表示平台使用的頻率極高。往另一個方向望，小操場連接遠方的稻田，往似近似遠的山脈延伸，看不到校園的界線。

演講的過程中，孩子們熱情的回應、毫不吝嗇的掌聲、不間斷的笑聲與誠摯的眼神，這是在都市孩子的身上捕捉不到的。在台上的劉銘老師熱烈地分享，在台下等待的我，有數次出神，我的視線隨著精靈的眼睛，飛到了窗外的操場、平台、草地、稻田、山巒，再回頭看著台上的我，和台下全校八十幾位的小精靈。

突然我明白了，因為山和雲沒有界線，因為稻田和操場沒有界線，因為入口和植物沒有界線，所以，笑容和害羞中間沒有界線，熱情和害怕中間沒有界線，給予和失去之間沒有界線。在這裡的孩子們完全享受著自然無所求地給予，於是沒有恐懼的、敞開胸懷環抱著一切，成為他們最基本的姿態，也是渴求修行得道者，最想到達的姿態。

泡泡如果可以回到大海，應該就不會害怕破掉了……對吧！

從台下到台上

劉銘

舞台上，手持麥克風侃侃而說的主持節目，咦？奇怪，台下的觀眾怎麼會是台北市立廣慈博愛院的院童呢？是夢幻，還是時空交錯。

視障歌手，布農族女高音馬惠美演唱時，我不信的問她，她感覺台下是什麼樣的觀眾，她覺得像是她以前住過的花蓮畢士大教養院。她眼睛看不到，憑感覺是不準的。

輪到腦麻歌手程志賢演唱時，我請他無論如何看個仔細，台下是什麼樣的觀眾。他結結巴巴辛苦的說出，是彰化仁愛實驗學校的學生。

怎麼會這樣，我們離開那些地方已經二、三十年，甚至更久了，難道我們又走進了時光隧道，重回童年時的那些地方嗎？還能再走出來嗎？還是我們都在霍爾的移動城堡裡，打開不同的時空之門，看見不同的景象。

原來，真正的時空，是在台中私立惠明視障者教養院裡，星期天的午后，混障綜藝團是表演團體，主辦單位是和混障有著相同勁爆名字的「*LP*」(*Leadership Program* 的簡稱)，中文叫做「領袖行動第 253 期」。

混障團員的舞蹈、歌唱，甚至問答的互動，為什麼台下的院生沒什麼反應，後來經過一旁的人解說才知道，這些孩子不是只有一種障礙，而許多人是盲聾啞的多重障礙。他們看不到我們的舞蹈，聽不到我們的歌唱，又無法在言語上和我們互動，那今天的演出不是對牛彈琴，毫無作用嗎？原來，我們忽略了他們有一種器官是正常且重要的，那就是「心」，他們可以用心來體會，用心來感受。

曾經，我們就是觀眾群裡的一員，如今，我們走上了舞台，成為表演者或主持人，這條路走得十分的漫長和辛苦，所以不會再走回頭路了。我們會用生命來感動生命，生命來影響生命，在舞台上迸發出或許短暫卻燦爛的光亮。

///

暑假

李淑楨

暑假，是學生的天堂假期，是混障的營業淡季，不過，有的學生，卻沒有寒暑假的差異。

這天，我們來到了台中惠民教養院，是應一個獨特的領袖訓練團體的邀請，*LP*。這個團體很奇特，年齡層分布很廣，雖然基本上都是年輕人，但是感覺得出來，絕不是同事，因為每個人的氣質都不一樣。他們身著深寶藍色的 *POLO* 衫，深深的顏色，卻不低調。這裡說的低調，不是說他們行事作風，而是他們展現出的主動積極與熱情絲毫不低調。穿梭在場中央，招呼用餐、熱情寒暄、照顧院生、照顧混障、隨著音樂搖擺、歡呼，有點像是國外的嘉年華。於是，原本安靜、隱身在鄉間田野中的教養院，就像被閃耀的彗星劃過一般，驚呼連連。

早就做了心理準備，今天欣賞演出的觀眾，不是一般的學生，是教養院的視障同學、家長、老師，所以劉銘老師和我，在演出前，就針對了今天的方向做了一些調整，視障的同學，眼睛看不到，我們除了要當主持人，更要當廣播主持人，有些形象、有些演出，要說給他們聽。演出一如既往地展開，通常的經驗，學生觀眾無法在一開始就安靜下來，是再稀鬆平常不過的事，今天的吵雜，卻不平常。院生無法控制的會發出各式各樣獨特的聲音，我一直到後來才知道，除了視障，大多數的孩子還伴隨著多重障礙，有的是視障加上聽語障，有的是視障加上自閉症。

這樣獨特的觀眾，他們看得懂嗎？知道我們要表達的嗎？

除了在演出過程中不斷地會發出聲音、吶喊，他們的身體，會停不住的前後左右搖擺，孩子們坐在前面幾排，很難很難掠過他們，直接把視線放向遠方。後來我觀察到，在聽到喜歡的演出時，那樣的聲音與擺盪會加劇，這是他們對應這個世界的方式，儘管和大部分的人不一樣，但那也只是不一樣而已，就是這樣而已。

團員演出的時候，劉銘老師和我會在側台休息，也許喝口水、也許觀察現場隨時調度調整。今天，我順著視線直直地看去，搖擺的院生們，或前或後，擺盪的幅度各自不同，不過卻都維持著自己的頻率。我突然覺得，我好像站在一堵巨大的牆前面，牆面上掛滿著各式各樣的時鐘，鐘擺絲毫不受外界的任何影響，兀自搖擺。噹噹噹、咚咚的聲音，震盪著我的靈魂。我們每個人何嘗不是用自己的頻率在搖擺著自己的人生，時間沒有虧待我們分毫，也沒有優待他們分毫。儘管他們不能控制，但是至少他們認真的在擺盪，沒有想要減少力度的在擺每一次，無奈之下，那是他們有限的表達方式。

眼淚順著我的臉龐滑落，不是替他們難過，是替自己在懺悔。「我們是這樣的幸福啊！我們是這樣的有選擇啊！但是我們的選擇卻造就了我們的虛無」。

所以，原來，我是今天的觀眾，我們都應該是沒有暑假的學生。

///

第二部

看看日常　偶像的生活

劉銘

一張床

我的工作時間，和一般朝九晚五的上班族不同，只要沒有演講和演出的行程，就是我的放假日，可以一整天都待在家裡，或是一整天都坐在床上。

坐在床上，要比坐在輪椅上舒服多了，床是軟軟的，家裡輪椅的坐墊是硬板的。坐在床上，由於脊椎側彎之故，所以除了屁股，部分的身軀也是癱臥在床的，整個人就像融化在床上。

這使我想起兩年多前，帶混障綜藝團前往大陸洛陽巡演的畫面。有一天的行程，主辦單位安排前往洛寧的農村做探訪關懷，當走入一戶人家，再步入一個房間時，映入眼簾的是一張大床，床上癱坐兩個不到二十歲的兄弟，那種癱坐就像我一樣，整個人融化在床上。

孩子的爸爸，靜靜地，默默地站在一旁，不發一語，彷彿一棵枯樹佇立。不經意地在他的手臂上，瞥見一個刺青，大大的一個「忍」字。想必他在忍受老天對他的不公，為什麼期盼當父親的心願，賜給他的竟是兩個殘疾的孩子；為什麼他的家境如此窮困，無法賺較多的錢，改善家庭的生活，而這樣的日子不知要忍受多久？

想想，刺「忍」字總比「怨」字好，如同胡適說的話，「忍耐比自由更重要」。

倒是孩子的媽媽，樂天知命，跑進跑出地招呼大家，和來到的我們閒話家常。

一張床，如同我們的一個世界，曾幾何時，在沒有輪椅之前，我大部分的時間都是在床上度過的。我和這兩個孩子，有相同之處，也有不同之處。相同之處，我們都是障礙者，不同之處，我是小兒麻痺的患者，他們是肌肉萎縮症；相同之處，我們在床上度過了許多吃喝拉撒睡的日子，不同之處，我已從一張床走出一片天，而他們仍要遙遙無期地等待，等待一個讓他們離開床的機會。

這是兩年多前的事情了，不知道現在這兩個孩子過得如何，他們的家境是否有改善，是否有錢買輪椅，離開了那張床，去看看外面的世界。

///

下雨

氣象局預報，從今天起，一連七天甚至長到十天，全省各地將會出現豪大雨。有氣象主播形容這一次會是「災害性」的降雨，也就是會發生淹水、坍方、土石流等災害。所以民眾必須小心注意，嚴加戒備。

剛好今天，我帶混障綜藝團前往中南部，做三天兩夜四場散播正能量生命教育的演出。這一路上，勢必或是說難免一定會遇到下雨，下雨對身障朋友，尤其是輪椅族確實是不方便的。

儘管我常會說「雨神」是我的好朋友，對我十分眷顧和疼惜，讓我經常幸運地未淋到雨變成落湯雞。然而這畢竟是我的想像力和生活的趣味化，與其無法逃避，那就享受它吧！

多數人都會數算為什麼要下雨，為什麼這麼倒楣淋到雨，影響了他的行程，帶給他外出的諸多不便，反正就是一大堆的抱怨。

女兒小的時候，每當下雨，我就會告訴她，下雨是在為花草樹木和大地洗澡，人需要洗澡，大地上的各種植物也需要洗澡。下雨，是老天在唱歌給人們聽，滴滴答答的雨聲，彷彿是一首雨的旋律，多好聽啊！

其實，告訴女兒這些，只是希望她不會討厭下雨，乃至抱怨下雨，因為不論下雨或出太陽，不論晴時多雲偶陣雨，都是大自然的一種現象。

為何我會如此在乎沒有淋到雨的小確幸，或許對輪椅族來說，我們較不便撐雨傘或穿雨衣，若遇到突然間的下雨，也無法像一般人奔跑躲雨，毫無「還手之力」下，只能任其蹂躪，最後變成落湯雞。

至於我，怎麼可能完全幸運地沒有淋過雨，只是我的著眼點，不是在抱怨為什麼會下雨，為什麼會淋到雨，而是為每一次未淋到雨時而感恩。年齡會使身體起皺紋，抱怨會使心靈起皺紋；樂觀的人是不斷在感恩，悲觀的人是不斷在抱怨。

抱怨是心靈的癌症，抱怨是最毒的毒藥，抱怨一旦成為一種習慣，那才是無可救藥。

如今我的殘障宣言就是，「樂觀樂觀下雨不愁，人家有傘我有樂觀」。

///

千手觀音

機器人時代的來臨，對像我這樣的重度障礙者，生活起居和外出行動，幾乎都要「假人之手」的人來說，儼然成了一大福音啊！

一般人很難想像或體會，一個手腳癱瘓者，他每天的生活是如何度過的，這就是我說的「感同身受永遠不等於切身之痛」。

這樣好了，就以「我演講的一天」為題，讓大家知道我一天是怎麼度過的，需要哪些「假人之手」的地方。

首先，是早晨起床，需要有人將我從床鋪抱上輪椅，然後是如廁，刷牙洗臉的盥洗，準備早餐，這些都需要有人的幫忙。出門前，在從家裡的輪椅抱到外面的輪椅，然後搭車出發。

如果搭的是復康巴士，就比較方便，輪椅直接搭乘升降梯進入，如果是計程車或一般的轎車，就需要有人抱上車了。到了演講的目的地，剛才上車的程序，如法炮製地改成下車。演講的過程中，還需要有人將我的輪椅抬上抬下舞台，若是需要尿尿，要有人推我到廁所，或是尿完了幫我倒尿袋。

演講結束後，回程就跟去程一樣，相同的事，重覆再做一次。回到家後，包括準備晚餐，臨睡前洗澡，最後再將我從輪椅抱上床鋪睡覺。當然這中間還包括許許多多、大大小小瑣碎的事情，譬如：倒水、拿東西、移動等等，這些就一筆帶過了。

這就是我一天的生活。

這一天的生活，在行動方面，是不是幾乎都是別人協助我完成的。若說我能有什麼作為，或是人生交出了一張還不錯的成績單，我都會笑稱這是「狗掀門簾，全憑一張嘴」，我出一張嘴，其他的都是別人幫我完成的。

不過，全靠一張嘴，是否就真的能邁向成功與成功有約，或是說好手好腳、四肢健全，應該更容易，脫穎而出與眾不同。其實不然，重要的還是在於這一張嘴和好手好腳背後的掌控者，那就是你可以形容是大腦，也可以說是心靈。

這就是在《輪轉人生》一書中，我形容自己是三流的身體，住著一流的靈魂裡，總好過一流的身體，住著三流的靈魂。

曾經幻想過，未來的機器人時代來臨，我身旁只要有一個機器人陪伴，就可以解決我許許多多、大大小小的事情，就再也不需要仰人鼻息，看人臉色了。

後來，我捨棄了這樣的想法，儘管機器人許多的能力超越了人類，然而卻永遠無法取代人類；儘管機器人可以替我完成許多的事情，卻無法讓我在他的身上獲得學習。然而因著人們的幫忙，讓我學會了感恩，想想，人生這一路走過來，有太多的手協助過我了，百隻手、千隻手，甚至萬隻手，對這些眾生的手，我為其取名叫做「千手觀音」。

為了讓有更多的手，願意幫忙我，能夠協助我，我必須學習與人為好，廣結善緣。為了讓我的感謝，不只是在口頭上，更能化作實際的行動，我必須學習「做個好人，心有餘力，幫助他人」，讓這份感謝如同愛一樣的流傳下去。

///

大放手

復康巴士行駛在長春路上，先是看到女兒就讀的育航幼稚園，沒過多久，又看了她就讀國小的吉林學校。在過往的八年裡，這兩個地方，進出不計其數，許多的記憶又湧上了心頭⋯⋯。

上幼稚園的第一天，女兒是笑著進去的，當時在想，她好勇敢喔，第一天我們就可以輕鬆放手了。豈料，從第二天開始，她整整哭了一個月，每每在校門口，都要演上一齣「說什麼就是不放手」的劇碼。

記得她在代表畢業生致答詞時，幼稚園許多的老師甚至家長，都記得這個小朋友很愛哭，有一次哭到不是在教室而是在警衛室，等媽媽來接她。

女兒唸小學，在她國小五年級的時候，最深刻的一件事情，就是和她搭檔主持廣播節目。很多人都以為，我在復興電台和女兒搭檔，主持「大小一家親」節目，是為了要傳承和接棒，殊不知我只是在創造一個我們「父女」獨有的親子時光。時光一晃，這個節目就主持了四年多。

八月份下旬，和女兒在淡水文化園區（這是台灣第一個無障礙的錄音室）錄製廣播節目，突發奇想，放手讓她試試看。女兒沒有賴皮、沒有撒嬌，欣然接受。

我做了一個簡單的開場後，就交給她了。沒想到，真的是沒想到，她居然能夠有模有樣，一氣呵成地完成了一集節目，一個十四歲的孩子，已經可以獨挑大樑了。

以往在主持的時候，女兒的表現都是有一搭沒一搭的，她想問問題她就問，不想問就靜靜的坐在那裡，所以大部分的時候，都是我一個人在獨撐全場。有時候，她是邊吃東西邊主持，彷彿在進行一場野餐似的，一副不敬業狀。

不過，我並未斥責她，因為我們主持廣播節目，不是要訓練她成為廣播主持人，所以她專不專業，或者是否敬業，並不是我所在乎的，而我所追求的，是共享一段「親子時光」，如此說來，野餐就挺像是親子時光了。

原來這四年多，每一次的主持技巧和訪談方式，都在她的心中留下記憶，只因為有我在，她就依賴著我，一旦我放手了，就是輪到她表現的時候，輪到她有更多學習和成長的時候。

聽過這樣的一句話，「主管退一步，部屬進三步」，於是我也自創了一句話，「父母一放手，子女開步走」。女兒九月份將獨自前往英國讀書，這對我們來說是一次「大放手」，這是她主動提出，我欣然地答應，縱使有些不捨，但還是要學會放手，因為我知道，唯有拿掉她的「保護傘」，她才能夠學會獨立勇敢，就像一放手的老鷹，才能學會自己飛，才會越飛越高。

///

工作與放假之間

連假的第三天。

星期一，一般人都要上班上學，我卻可以待在家裡放假，若是加上這個沒有行程的周休二日，這是我的第三天假期，所以才稱「連假」。

我的上下班和一般人不同，只要沒有演出、演講的行程，就是我的放假日，至於外出洽談工作的開會並不多。我不需要進出辦公室，也沒有辦公室，我稱我的辦公室為「行動辦公室」，因為只要一支行動電話，一切就搞定了。

儘管上下班時間和一般人不同，但如果演出和演講落在晚上和週休二日，這也就變成我的上班日了。我很喜歡如此的上班時間，富有彈性而變化，並非朝九晚五、一成不變，這樣較不容易產生倦怠感。

我很滿意自己的工作內容，藉著演講和混障綜藝團的演出，散播善知識、正能量，用意義和關懷舖排人生前面的道路。放假日也就是我的休息日，我會將身心靈放在插頭充電，看看書、看看影片、寫寫東西，像這篇文章，就是這樣寫出來的。

每個月下來，工作的天數比別人少，收入比別人多，為這一切獻上感恩。

///

中山北路走幾回

家住在一個鬧中取靜的巷弄內，右邊是林森北路，左邊是中山北路，但經常出門都是往左邊的方向走，似乎不知不覺成了習慣，這應該跟喜歡中山北路有絕對的關係吧！

讀過一首詩，「春有百花秋有月，夏有涼風冬有雪，若無閒事掛心頭，便是人間好時節」。這首詩道出了四季的景緻和心情，其實中山北路也有其春、夏、秋、冬之分。

當春天來臨，眼前立刻出現一片綠意盎然的風景，馬路的樹木蓊鬱，有一種走在綠色隧道的感覺。夏天的中山北路，由於路上有大小不一的高樓大廈，當有陽光的天氣，地面上會出現各式各樣、大小不一形狀的陽光，我給它取了個名字叫做「陽光斜射角」。還有就是綿綿密密的蟬叫聲，宛如喝下一杯濃濃郁郁的咖啡。

當秋天造訪時，散落一地枯 的楓葉，彷彿舖成了一片地毯，我喜歡聽輪椅走在上面，落葉發出窸窸窣窣的聲音。當寒風吹起，冬天駕到，走在三步一間小吃舘，五步一間大餐廳的中山北路，你可以隨時閃躲進去避風，享受一頓熱騰騰的晚餐。

多年前的某一天晚上，有一個年輕的女孩叫做胡琇琄，過來跟我打招呼，不記得她是我的聽友還是讀者，只是那份興奮狀至今記憶猶新。臨走前，我們留下了一張合照。之後，她便旅居美國，結了婚，有了小孩，那張照片成了我們彼此相認，喚起回憶的印記。如今每每她從美國返台，一定會相約見面，或觀賞一場混障綜藝團的演出。這也是發生在中山北路的故事。

很多這樣的晚上，特別是在夏日的夜晚，我們一家三口以散步的方式外出用餐，步行在中山北路上，風吹起來涼涼的，舒爽宜人。有一首台語老歌叫做「中山北路走七回」，對於中山北路，不知走過了數以千計，這是條再熟悉不過的路了。

餐後，女兒常會說想多走走再回家，這時就會改道走進中山北路的胡同內，看看有沒有什麼新店開張，又有哪些舊店走入了歷史之中。走著走著，發現原本有一家生意絡繹不絕，做越南小吃的店，怎麼竟然消失不見了。

不論中山北路的大道或是巷弄，不論目睹了店家的興衰成敗，我們一家三口走在這條路上十四年多了。再過不了多久，就只剩下我們老夫老妻走在這條路上了。

走舊路，到不了新地方。女兒去英國讀書，是人生的一個轉捩點，是好是壞，不得而知，然而不試著走走看，永遠無法揭曉這個答案。再說，有多少人像她這麼幸運，能有這個機會走出中山北路，走入一條通往世界之路。

///

什麼跟什麼

如果我不能做些什麼，人生就不能有些什麼。什麼跟什麼，是一種因果關係，互相效力。像我的身體狀況，雙腳癱瘓，雙手無法舉高，長年累月坐在輪椅上，脊椎嚴重側彎，如此的「殘障之軀」，生活起居幾乎都要假人之手，真的無法做些什麼。

萬萬沒人想得到，連我自己也始料未及，我卻做出了一些什麼。三十歲成為廣播主持人，四十歲成為作家，五十歲我的故事被大愛電視台拍成戲劇「人生逆轉勝」，而且自己演自己當男主角。

如同蘇菲，就是被荒野女巫施了魔法，從年輕貌美的女孩，變成醜醜的老太婆，如此的變化，看似不幸，卻讓她能夠遇見霍爾，展開了一段奇遇之旅。（對於宮崎駿的動漫，始終令我情有獨鍾）。

爺爺在世的時候，曾經跟我說，還好我殘障，否則，可能會被關進監獄。有人不解的問是什麼意思？爺爺覺得我過於聰明，可能不會把聰明用在正途上，讓聰明反被聰明誤。而殘障宛如魔法般地，像唐三藏制伏孫悟空的緊箍咒，讓我的雙腳牢牢地被箝制無法動彈，這樣我就不會誤入歧途了。

有一個畫面，那是多年多年前，我還是孩子的事情，不知道為什麼至今仍然鮮活記憶。爺爺抱著我搭公車，當時沒有座位，夾雜在擁擠的人群之中，車子搖搖晃晃地行進，只記得爺爺滿頭大汗，都快要抱不住了。

腦海的記憶庫中，始終存留如此的印象，卻怎麼樣也無法被時間 除掉。應該是有感於爺爺的辛苦和一份感恩吧！據說爺爺的養老金，大部分都為了醫治我的殘障疾病花掉了。寫著寫著，筆走至此，我的視線模糊了。

真的是這樣嗎？或許這是爺爺的「安慰」之說。如果我沒有殘障的話，真的會比現在好嗎？這是永遠都無法證實的答案。爺爺往生時，那段時日，還是我的「沈潛期」，待在家裡，一事無成。令我覺得遺憾的是，並未讓爺爺看見他所說的，身陷牢獄，卻創下了一個記錄，成為非獄政人員，全省五十一個監所全部去過，展開關懷之旅的人。

原來，逆境是老天爺幫你淘汰競爭者的地方；原來，手腳只是工具，真正發號施令的是心靈，心靈的力量更勝於手腳。

///

午睡的聯想

八月初的第一個星期，有三場活動，先是混障綜藝團受國泰人壽高屏區部之邀，在高雄的演出，接下來是苗栗的演講，最大型的是週六在蘆洲靜思堂，將近有一千多位的觀眾的展演。

假設星期日是一個星期的最後一天，在一週的忙碌結束前，這次我最想給自己的一個犒賞，居然簡單到讓人很難猜想得出來，因為這是不需要花費任何金錢就能獲得，那就是睡一個「午睡」。

七、八月的暑假，按說演出和演講的場次，都相對減少，睡午覺應該是很容易被滿足的期待，然而一個星期有四天的下午，必須陪女兒去上美語課，所以我的時間都奉獻給女兒了。

睡午覺，其實是再平常不過的一件事了，然而卻成了我的期待，或許由於「少」就顯得「珍貴」，應驗了那句俗諺「物以稀為貴」。

記得拍戲的那一段時間，嚴重的睡眠不足，尤其在殺青的最後一個月，每每晚上回到家，巴不得什麼事都不要做，立刻倒頭大睡。然而想都別想，必須要先盥洗沐浴，然後再背劇本，常常是背到昏昏欲睡，瞌睡蟲爬滿全身。

拍戲的現場，屢屢都是眼皮沉重，超想睡覺。內心暗忖，這時候導演如果能夠放十分鐘的「睡覺假」，那該多好啊！遠比放飯時來一客牛排更教人拍手叫好。不知道那時候為什麼會如此想睡，或許就是因為「不足」，才顯得可貴。

因此，治療失眠最好的方法，就是讓一個人很忙很忙，要不就讓他去拍戲。哈哈。

人生何嘗不是如此，年輕的時候，覺得未來的日子多到數不完，正所謂「明日復明日，明日何其多」，等到年紀越來越大，日子越來越少，才頓時覺悟日子需要珍惜。

如同我在學校，面對莘莘學子演講時，最常說的一句話，「沒有什麼比青春更寶貴，但也沒有什麼比青春更容易被浪費」。真的是這樣，我們常說青春無敵，年輕就是本錢，但對大部分的年輕人來說，他們並不覺得，由於有數不完的日子，所以他們就恣意的揮霍、任意的浪費，對於這樣的人，青春絕不可能成為「無敵」，年輕也不會變成「本錢」。青春一經典當，就贖不回來了。

唯有意識到要好好珍惜的人，青春無敵，年輕就是本錢，這兩句話才會成立。

突然之間，從午睡之中，明白了一個道理。少，才會讓人覺得珍貴，珍貴的東西，才會讓人懂得珍惜。

///

反省與感謝

本來不太想寫昨天羅東高工的演出，這就是為什麼昨晚的臉書，沒有昨天的演出，因為學校的麥克風很差，學生的表現更差，現場鬧哄哄的，宛如一群脫序的野馬，主持這樣的活動，既無力又沒勁兒，成就感似乎蕩然無存。

然而另一種聲音卻在腦海中響起，「只要有一個人改變，就值得我這麼做」，這是我說過的話，言猶在耳，怎麼忘記了呢？我是在追求我的成就感，還是希望能為同學們帶來正能量？這樣的孩子，不是更需要被關懷嗎？

在過往的演出中，屢屢就能締造經典之作，即使沒有經典之作，大部分也在水平之上。

或許我已經習慣如此了，一旦出現了蹩腳之作，往往難以接受。這不正說明了，成就感如同掌聲一般，容易使人迷失；人們總是習慣面對順境，而難以接受逆境。

西方哲人曾說，「沒有經過反省的生命，是不值得活的」，「不懂感謝的，是最貧窮的」。

所幸每晚臨睡前，總是會先反省再感恩，為這一天的所作所為，所失去的所獲得的，反省與感恩。儘管在許多外人的眼裡，我已躋身為榜樣或偶像之類的，然而只有自己知道，仍有許多的不足之處，還有許多該努力的地方。

所幸我有兩大護法隨侍在側，一個名字叫做「反省」，一個名字叫做「感恩」，由於他們的提醒與監督，讓我在利他與愛的道路上行走，每當有所偏離歪曲時，方能有所導正，重新回到跑道上。

就這樣，我寫下了這篇反省感謝文。

日本寄來的明信片

去年此時，正是《人生逆轉勝》播出之際，這部戲播出快一年了，沒想到迴響和影響仍在發酵和持續……。

這部戲播出後，曾收到一張來自日本的明信片，心想，難道日本也有粉絲嗎？讀信之後才知道，這是目前還在讀真理大學的一個女孩，因為受到這部戲的激勵，讓她勇敢的跨出了日本的自助旅行，這是她從未想過，也從來不敢去想的事情，但她做到了，而且玩得很開心，因此無論如何都要寄這封「感謝函」給我。

豈料，這個故事不是單元劇，而是像「人生逆轉勝」一樣的連續劇。自此後，她經常來參加我的演講或是混障綜藝團的演出，不過，她總是躲在角落，或是離我遠遠的，用手機偷偷的按下快門，直到我注意到了她。

她是那種話少又極度害羞的女孩，我只要跟她講話，她都是用最省話的方式回我，然後立刻漲紅了臉。後來我就說，那妳用寫的好了。

我給了她「功課」，那就是每晚針對我的臉書的貼文寫心得。後來才知道，她從小就害怕寫作文，如此的功課，那是一種如坐針氈，坐立難安的壓力，但為了不讓她的「偶像」

失望，只好硬著頭皮寫下去。

從最初的只有幾個字，到後來變成短短的幾行字，最後越寫越多，寫到洋洋灑灑，下筆不能自休，而且幾乎是常常寫。而我們的談話，也像寫文章一樣，她從最初的少言，到後來竟然滔滔不絕的聒噪起來。

混熟了，才聽她道出了自己的故事。她一出生就是水腦兒，醫生根本已經放棄急救，將她丟棄在一旁，如果不是她母親換了一個醫生，堅持要救她，可能早就不在人世間了。或許這樣的緣故，她對自己頗沒有信心，甚至一度認為自己是社會的負擔，浪費社會資源。

這幾天，她又在日本旅遊。下午時分，收到她的*LINE*，告知上次我邀她來看我大愛電視台新節目《圓夢心舞台》錄影，然後寫成的心得，參加學校的徵文比賽，榮獲第三名。不知為啥，她的得獎比我自己得獎，還讓我來的歡喜高興，全身的每個細胞都暢快起來。

這就是自我期許，當我曝光率、知名度愈來愈多，我希望自己能夠帶給社會的大家的，不是名利，而是影響力。如同我在榮獲港澳台灣慈善基金會第九屆愛心獎得獎時所說的，人生的價值，不是在於你贏過多少人，而是在於你幫過多少人。

///

充電

這一場在位於台北市青島東路的非政府組織NGO會館的演講，本以為來聆聽的人，會以雙北的人最多，豈料，完全跌破我的眼鏡。

有一對坐在電動輪椅上的夫妻，遠從台中而來，更遠的一位從彰化搭高鐵而來，這是一位中風的朋友。我在想，這些人為什麼願意不計金錢，耗費時間，只為了來聽我和淑楨的演講。

另外，我還看到了遠從東部宜蘭來的何阿姨，一個六十多歲的長者；還有一位從三芝偏鄉來的，還在唸大學的年輕妹妹奕誼，她們應該也都是換搭了好幾班車，才會出現在這裡。

還有計程車「運匠」的辜明郎，不去開車做生意，竟跑來聽演講；還有很害羞容易臉紅的黃英芳，他告訴我，這是第七次來聽演講了。

還有……這些都是粉絲，聽我的演講都好多次了，大同小異的內容，絕不是吸引他們好奇或來學習的動力，那是為了什麼，讓這些人樂此不疲的，一而再，再而三的來參加呢？

不論是粉絲，或是素昧平生的身障朋友和一般朋友，為什麼會選在假日的週末午後，頂著炎炎夏日的酷熱，甚至有許多大老遠而來的。內心思索者，吸引他們的究竟是什麼，而我又能回饋他們什麼？

我會做最好的準備，認真又賣力的演講，來回饋他們，然而這不是身為一個講師，本來就應該做的事情嗎？那我還能夠為這些人做些什麼？

想著想著，思索似乎有了出口，原來他們是來「充電」的。手機沒電的時候，需要充電，否則，就無法運作。每個人就像一支手機，手機的品牌叫做「身心靈」，手機充的是一般電源，身心靈手機需要的電源叫做「正能量」。

而我又是何德何能，身上能夠載負著正能量。想來，只要能夠通過挫折和苦難的考驗，不成為其手下敗將，奇妙的事情就會發生了，這種力量就可以自然而然地轉化成正能量。

///

正能量

那晚，在高雄夢時代演講，演講結束，由於粉絲們紛紛要求拍照、簽名，以及詢問我一些事情，為了不讓他們失望，我總是盡可能地滿足他們。可是卻讓我差一點搭不到最後一班高鐵，回不了台北的家。

在前往高鐵站的路上，計程車蛇行的趕路，在高鐵站前往登上高鐵的路上，志工匆促急忙推著我，終於在最後的三分鐘及時趕到。志工氣喘噓噓的問我，為什麼不緊張呢？

其實，我已經做了最壞的打算，那就是必須支付一筆在外夜宿的費用，還有隔天的行程勢必打亂受到影響，除此之外，生命是否會受到威脅，如果沒有，還有什麼大不了，還有什麼好緊張的呢？

如同自己小時候，罹患小兒痲痺症變成殘障者，除了無法四肢健全，來去自如外，生命是否受到威脅，如果沒有，還有什麼好擔心的呢？殘障只是「不便」而非「不幸」，殘障一樣可以走出一條自己的路，擁抱一片自己的天。

若是生命真的受到威脅了，是否就意味著該緊張擔心了呢？和大家分享一個小故事。

有一個阿嬤搭飛機要到美國去探望她的女兒，飛行中發生了亂流，只見全機的乘客張慌失措、鼓譟不安，甚至還有人尖叫連連。這時候，卻只見那位阿嬤臨危不亂、十分淡定。當亂流解除後，坐在阿嬤身旁的旅客好奇的問，阿嬤，您為什麼都不緊張呢？

只見阿嬤不急不徐的表示，如果飛機真的失事的話，她可以到天國看她的女兒，如果飛機平安無事的降落，她可以到美國看她的女兒，所以無論如何不管怎樣，她都可以看到其中的一位女兒。

這個小故事告訴我們的重點，不就是「樂觀」嗎？樂觀就是凡事多往好處去想，凡事多正面思考，幾乎可以和「正能量」畫上等號。而晚上的演講，就是希望帶給大家滿滿的正能量。人生充滿正能量，走到哪裡都發亮。

///

正能量就是影響力

過年期間，位於土城的少年觀護所，為這些十二到十八歲收容的青少年，播放了「人生逆轉勝」這部戲，並且要求這些學生書寫觀後心得。

看著一篇篇用稿紙寫成的心得，心想，這些不愛讀書又伴隨著不愛寫字的孩子，竟然完成了一篇可能他們自己都料想不到的文章，可是他們做到了。

其中的一篇心得，那同學寫著：「這部戲讓我很感動，一不小心掉了一滴眼淚……」這樣的敘述，不知是該哭，還是該笑。

欣見這部戲的效應不斷的擴大，從家庭到學校，從國內到國外，如今又跨入了高牆之中。漣漪效應就是小小改變，形成重大衝擊，每一善行都會有其正面的漣漪效應。

收到于所長親自來電邀請，我將前往少年觀護所和同學面對面的演講，讓他們親眼目睹本尊，讓他們知道這部戲不是杜撰來教化他們的，而是真人實事的故事搬上螢幕。

相信這些孩子誤入歧途是一時的，只要讓他們的心中多深植一些愛，人生會有所翻轉的；相信這會是一場讓他們生命被激盪，感動再沸騰的另一個故事場景的延伸。

大大的拉進了距離……。

一個冷氣團來襲的午後，于所長親自來電邀約，偕同演員黃采儀前往土城少年觀護所演講。以往去少觀所或少輔院，面對這些十二至十八歲的青少年，不論是演講，乃至混障綜藝團的演出，這些同學都很ㄍㄧㄥ，以致現場的氛圍冷冷的，如同寒流。

然而今天的同學超熱情的，不但紛紛主動分享發問，還要求跟我握手擁抱，甚至還有人跟我說「加油」。到底發生了什麼事？怎麼會天壤之別，判若兩人，套句流行的術語就是「差很大」。

探究原因後，應該是同學是先看過了《人生逆轉勝》這部戲之後，又寫了觀後心得，這些動作，大大的將陌生的外衣卸下，換上了一件熟悉的衣裳。

很多時候，尤其在現今這個年代，影像的魅力往往超過文字，讓我從素人變成了偶像，在同學的眼神中，明顯地訴說如此的事情。

不少同學表示，劉銘老師身體這麼不方便，都能有一番作為，我們好手好腳，更應該要好好珍惜，多多努力。聽到這樣的話語，一切都覺得值得了。

原來，殘障所受的苦和痛，由於心境的轉換，因著努力加不懈，都滋養化為正能量，這一切的一切，只為了「示現」。

如果想像力是超能力的話，那麼正能量就是影響力了。

///

生命密碼

三歲、三十歲，是人生的「生死關頭」

三歲那年，高燒不退，藥石罔效，醫生宣布了「凶多吉少」，最後不得不用雙手雙腳交換，於是被貼上了永遠撕不下來「障礙者」的標籤，才留下了這條小命。

三十歲那年，醫師斷言，由於嚴重脊椎側彎，最後我會因心肺功能衰竭而死，臨行前，醫師表示，「來日不多」，叫我想做什麼就趕快去做吧！

從三歲的「凶多吉少」，到三十歲的「來日不多」，沒想到這兩個「生死關頭」，竟都安然度過，突然間意識到，這些數字或許就是我的「生命密碼」。

九歲那年，被送進台北市立廣慈博愛院，一待就是十三個年頭。那段期間，被重重的挫折層層的困難包圍著，還包括了離鄉背井對家人的思念，想不到突圍之後，學會了人生重要的功課「獨立勇敢」。

三十歲那年，有了第一份工作，在警察廣播電台主持節目，這是台灣第一個由身障人士服務身障人士的公共服務類節目。有了收入，似乎就有了尊嚴，有了人格，雖然收入不多。

三十六歲那年結婚，結束了八年抗戰的愛情長跑，有了老婆，有了家庭。三十八歲那年，有了自己的房子，大大的減少了遷徙之苦。四十三歲那年，有了孩子，是個女兒，讓家更像個家了。

四十歲，可說是我人生的分水嶺，四十歲之前，不斷地尋找貴人，希望能夠在生活、工作、行動等方面得以順暢；四十歲之後，期許自己成為別人的貴人。四十五歲那年，創立台灣第一支跨障別的表演藝術團體「混障綜藝團」，為身障朋友打造了透過才藝建立信心的舞台。

四十二歲那年，出了屬於自己的第一本書《輪轉人生》，終於從「坐家」變成了「作家」，才會有之後的六本著作，以及現在大家正在看的這第七本書。

解開了這些「生命密碼」之後，竟為我帶來了「閃亮數字」，在這些年間，榮獲了幾個大獎。三十四歲那年，當選全國十大傑出青年，三十六歲那年，勇奪廣播金鐘獎，五十四歲那年，得到國際性的大獎，那就是港澳台灣慈善基金會舉辦的「第九屆愛心獎」，獎金二百萬元。

五十六歲那年，從大獎變成大禮，該說是老天賜予的禮物。大愛電視台將我的故事，拍成了二十三集的連續劇《人生逆轉勝》，並由我自己演自己當男主角，被我形容如此的「千載難逢，千金難換」經驗，換來的是播出後，造成極大的迴響和影響。

從生死關頭、生命密碼、到閃亮數字，這些都譜成了我這一生的編年史。還好我現在並不老，動力未減，所以歷史可以繼續寫下去。

屢屢在搭乘交通工具的時候，不知為啥，都會有這樣的念頭，相信我會「一路平安」，因為神在為我瞻前顧後，看左護右的開路，因為我是祂揀選的子民，否則，單憑我一個人，不可能有這麼多的「生命密碼」。

///

生命教育開倒車

那天上午，在台北市三民國小演出，說好了一個小時的節目，臨時要縮減為四十分鐘，而且是在演出進行中被要求的。

所幸這些年，我已學會了對事情的應變，危機處理，這樣的能力好需要又好重要。

既然老師很固執，沒得商量，於是我跟校長請命，校長欣然同意，完全沒有猶豫為難的臉色。

因為接下來是雙手雙腳截肢郭韋齊的舞蹈和彈琴的表演，一個充滿正能量的節目。平常的課，少上一堂或多上一堂，差別不大，但這一堂是可遇不可求生命教育的課，是一位生命鬥士的現身說法，如果被卡掉了，差別很大。

有些學校，很重視生命教育的課題，有些學校，只是聊備一格，因為這是教育部規定要這麼做的；有些學校，覺得無障礙設施很重要，有些學校的重要只是在口頭上、口號上。這就是台灣所謂的「教改」，越改越糟，令人無所適從。真正問題，不是出在政策和立意上，而是政府有關部門執行不力，監督不周，就這樣上行下效，永遠都是說一套、做一套。

現今的社會太不重視「生命」這件事情，所以動不動就以「輕生」來結束生命。有些人更是不尊重，甚至傷害別人的生命。這就是為什麼混障綜藝團會走入校園，宣導生命教育，讓孩子從小紮根，學習從珍惜自己的生命開始，進而尊重他人的生命。

活動結束，校長親自送大家到校門口，不斷地表示感謝我們的蒞校演出，感謝凌華教育基金會的贊助。如果可以選擇的話，我會希望這樣小小的舉動，勝過致贈一面感謝狀。

///

白髮

我們家的白髮是遺傳的，父親在年老時，已經是滿頭白髮，所以自稱「老白頭」。因此之故，每隔一兩個月，我都會去做一件事，那就是剪髮然後染髮，讓自己又從白髮蒼蒼的老翁，幻化成帥氣十足的少年郎。

其實我並未「變臉」，只是將顏色做一改變，由白髮變成黑髮，沒想到容顏就大不相同，連自己看起來都覺得「差很大」，更很難接受頭髮斑白的站在舞台上主持節目。

不過就是黑白之分，為什麼會有年邁與年輕之別呢？

如果每個人生下來，長出來的是白頭髮，白頭髮象徵年輕，等到了年長年老的時候，頭髮才會開始變黑，黑髮就變成一種蒼老的代表，所以說來說去，說穿了，這不就是一種「既定概念」嗎？

這使我聯想到，同理可證，如果這個世界上，障礙者是多數的人口，好手好腳、四肢健全的人為少數者，那麼這些少數人是否就會被視為異類，被當成「殘障者」了。

一個是既定概念，一個是多數與少數的差別，如同是非對錯，成功與失敗，當角度的不同，所界定出來的結論也就不同。這就是為什麼人這麼難搞，為什麼人與人之間的相處是一門大學問，有人窮盡一生就是在做如此的修行。

希望很快有那麼一天，當你們看見站在舞台上，不論是演講或主持的我，不在乎華髮叢生，年輕不在的外貌，只追求妙語如珠，能夠帶給大家滿滿的正能量，更真實的呈現自己。那時候，就表示我的修行又更上一層樓的大躍進了。

據說，大部分的人年老了之後，頭頂會出現兩種現象，一個是「白頭」，一個是「禿頭」，既然一定要選擇其一，而選擇權又不在自己手上，感謝老天給了我，我想選擇的白頭。

立德電台十周年慶

當廣播人二十多年了，從在警廣的十八年，到現在的復興電台，但很多人都不知道，我還在一個很多人聽不到的電台主持節目。

這個電台叫做「立德電台」，在位於土城的台北看守所裡面，扮演者兼具教化功能的作用，只有裡面的收容人才聽得到。

四月二十七日這一天，電台舉辦成立十週年慶活動，在獲頒感謝狀時，我想到立德電台王之后說的話。王台長表示，當初電台成立時，曾有人斷言撐不過二年，然而現在已經第十年了，想必她是感觸最多的人。這期間，我創造了一個記錄，那就是九年多來從未請假的主持人，若非在第十年的開始，我接拍了大愛電視台演自己故事的《人生逆轉勝》這部戲，相信我應該可以十年全勤。

十週年慶活動，由我和李淑楨共同主持。去年十月，我邀請淑楨和我一起主持我的《人生好好》節目，她一口就答應了，因為這個節目毫無酬勞，也就是來擔任志工。

想不到我們從最初的拍戲認識，拍戲後一起擔任混障綜藝團的主持人，一起主持廣播節目，今年又推出了雙人式一起演講，就是因著這麼多的「一起」，才會有現在的一起出書。就是因為這些好因緣，我們才能夠成為好朋友，才能一起做一些改變人心、改造社會的好事情，如同節目名稱。

在立德邁向第二個十年的展望中，電台將有所突破，之後主持人可以在錄音室面對面的訪問收容人，如此這般難得的經驗，我是期待了十年才等到。我打趣地跟淑楨說，她才主持了半年多，就有這樣的機會，真是幸運。

活動後，也是廣播志工的林珠老師形容，主持人妙語如珠的專業主持下，將現場氣氛帶得歡樂且溫馨。王台長也謝謝我們的鼎力相助，因為比她預期得好太多了，或許她是第一次看我們搭檔主持活動，殊不知我們在做任何事情，都秉持著認真的態度，裡面包含了專業與敬業。

專業只是最低標，敬業才能使我們三級跳。專業重要，敬業更重要，專業可以透過學習使其精益求精，敬業就是一種態度。如果當志工都能這麼敬業，相信做任何事情要不成功也難。

///

再見胖吉

520這一天，有許多「我愛你」故事上映著，卻也有一個故事寫下了結局……

這個故事要從五年多前說起，那時候勻勻（我的乾女兒）還是大學生，參加了台大「懷生社」關懷流浪狗的社團。在照顧和陪伴狗狗的日子裡，她漸漸的和這些毛小孩產生了感情，決定以「領養代替購買」的具體行動，在眾多的狗狗中，相中一隻胖胖的吉娃娃，所以為牠取名「胖吉」。

為了顧及走起路來像小豬豬一樣的胖吉的健康，第一步就是展開「減肥」動作，嚴格控管牠飼料的多少和進食的次數。不過，每每家族在聚餐時，總有人不忍看著胖吉「祈求」的眼神，會趁勻勻不注意或不在時，偷偷地餵牠吃東西，通常這都是阿嬤和老婆的所為。

就這樣，胖吉真的減肥成功。

從胖吉的餵食、洗澡、帶出去尿尿等，幾乎都是勻勻親力親為，這就是為什麼每次我們找她出國旅遊時，她都會婉拒地表示，等胖吉不在的時候吧！

勻勻儉簡過生活，這樣的美德，在現在年輕人身上越來越少看見了。她很少把錢花在自己身上，大部分都是為胖吉的支出，尤其胖吉是隻老狗，在最後的那段時日，進出狗醫院的確錢花了不少的錢。

看著胖吉一天一天的老去，大家也知道和牠相處的日子也一天一天的減少，在難過之餘，何嘗不為胖吉慶幸，是勻勻結束了牠流浪的日子，讓她過了一段不愁吃不愁喝，不用擔心刮風下雨，過著有人呵護有愛的生活。

在最後的幾天，醫生已經判定胖吉腎衰竭，連任何丁點的東西都吃不下去了。為了減少被病痛的折磨，勻勻在和醫生的討論下，忍痛作下了為牠「安樂死」的決定。

520的清早，勻勻帶著奄奄一息，不時抽搐的胖吉，來見阿嬤和我「最後一面」。看到勻勻時，她早已哭紅了眼，觸摸著胖吉，我心裡想，你這隻狗狗啊！平常從不正睛瞧我一眼，叫你時從沒來過一次，為什麼你的離去，我卻忍不住地想落淚？或許這是對於「生命」的一種尊重，對它消失離去的一種感傷吧！雖然你只是一隻狗狗。

這是從未有過，又好不真實的「告別」方式，早上摸著你有溫度的身體，下午你化成一攤骨灰了。下午時分，看到勻勻在群組的留言，「胖吉已經無病無痛地去當小天使了」，

然後勻勻在她的 *LINE* 的封面，寫下了這樣的話語：「*love* 胖吉 *forever and always*」。

///

早起

清晨五點起床，六點出門，像極了之前拍戲的時刻表，當初就是這樣度過了四個多月。不喜歡早起的我，卻要不時地早起，不知不覺中，生理時鐘也調到了「早起」的狀態，即使是沒有工作的放假日。

偶爾，會打趣地問人，我用一百萬元跟你買一年的光陰。有人願意，有人不願意，但不管願不願意，金錢就是無法買到光陰。這使我想到小時候學的一句諺語，也經常喜歡引用在作文裡，那就是「一寸光陰，一寸金，寸金難買寸光陰」。

小時候難以體會這句話的涵意，只當作類似格言一般的在背誦，年紀越來越大後，才發覺這真是古人的智慧語錄啊！

年輕人手上握有著無限的光陰，著實令人羨慕，所以才會用「青春無敵」來形容年輕人。然而一旦擁有或多出來的時候，往往就不懂得珍惜，所以才會有「沒有什麼比青春更寶貴，但也沒有什麼比青春更容易被浪費」。

該說這是人性嗎？沒有失去，從來不知擁有的可貴。年輕時，用時間去換金錢，年長時，卻無法用金錢買回時間。不言而喻，時間是比金錢重要啊！

時間是個很奇妙的東西，你對他越吝嗇，他對你越慷慨；你拋棄了他，他也會拋棄了你。拿破崙曾說：「一個善用時間的人，便是一個成功者。」

既然無法用金錢買得到時間，那麼就對既有的時間，好好的珍惜與把握，如同慈濟人所說的「分秒不空過，步步踏實做」。

對有些事情的察覺和頓悟，不知道該說是年歲的增長，還是歷練的累積，每當有所體會的一剎那，喜悅便會不由自主地湧上心頭，然後就會告訴自己化心動為行動吧！

漸漸地發覺，早起有一個好處，那就是時間變長了，變多了。金錢買不到時間，早起卻換取了不少時間。

///

有人來了

車子左彎右拐地行駛於蘇花公路上，雖然學校的地址是宜蘭縣，但車子走在蘇花已好長一段時間了。

有鑑於上次宜蘭縣蓬萊國小之行，當車子愈往蘇花愈裡面行走時，甚至以為導航帶錯路了。不過，這次事先做了功課，走入蘇花時就不至於忐忑了。

這次的學校比蓬萊更遠，歷經兩個半小時才抵達這個從未聽過的校名——金洋國小。好一個偏鄉學校啊！

走進校園，學生跟我們打招呼的第一句話，不是像其他學校孩子的「客人好」，而是「有人來了」。老師表示，這個學校極少極少有外人進來，更別說有講師願意至校演講，所以孩子們才會好奇地說：「有人來了！」

沒想到我的出現，帶給全校四十一個孩子，一些騷動，一些熱鬧，彷彿家裡來了一位客人。尚未演講前，就在這些孩子舉手投足、言語表達上，就感受了如此的氛圍。

不可諱言的，往返偏鄉學校一趟，舟車勞頓，十分的辛苦。感恩志工燕華的溫馨接送情，以及莉茵的同行協助。

每每演講結束後，都會反問自己，下次還會再來類似這樣的偏鄉地區演講嗎？相信會的，只要有志工願意開車協助，辛苦我會放在一旁，因為我喜歡聽孩子們驚喜地說「有人來了」。

老師 狼師

最近，都會打趣地跟朋友說，請不要喊我「老師」，因為老師的形像受挫了，被沸沸揚揚的「狼師」事件玷污了。

可不是嗎？老師不同於一般的職業，是屬於春風化雨、作育英才的工作，是一種神聖的良心事業。難怪有人說，一般人做了傷天害理的事情，會被打入十八層地獄，而老師則是會被打入第十九層地獄。足見老師的影響力與重要性。

始終很納悶不解的一件事，為什麼台灣大部分的學生都要補習呢？以致造成補習班的興旺和林立，這是不是說明學校教育出了問題？若是學校的老師都能夠教得好，讓學生聽得懂，為什麼還要花所費不貲的錢去補習呢？

家長望子成龍、望女成鳳的「比較」心態是其一，想來主要的還是教育當局有關單位的「教改」出了問題。尤其現在補習的風氣越來越興盛，從早年的國中生降低年齡延伸至小學生，像女兒許多小學的同學，許多科都有補習，只是不知道為什麼，就連「國語」也需要補。像女兒小學就從來沒有補習過，但她的成績始終不錯，維持在前幾名。每每有人問她，你都是在哪裡補習或上安親班，她都會回答「劉銘安親班」。

在外，許多人對我還是以「老師」相稱，就像我對有些人還不知道其頭銜時，也會用「老師」來稱呼，這似乎成了較「安全」的稱謂。

若是可以選擇的話，我還是希望別人不要稱呼我為「老師」，因為這個名詞，包含的是一種承擔，一種責任，是被期待的，是有壓力的，或是一言以蔽之的話，就是必須「以身作則」，因為覺得自己做的還不是那麼的好，所以撐不起「老師」這樣的名諱。

日後，可以喊我老劉、老哥、老大，但可以不要喊「老猴」嗎？哈哈……。

///

行行復行行

八月初的一個酷熱午後，先從家樓下的公園開始拍起，然後再前往圓山附近有腳踏車道的公園續拍。由於永達基金會每年都會捐助復康巴士，今年邁入第十年，請我來協助拍攝有關復康巴士的短片，讓我的思維走入了時光隧道……。

在沒有復康巴士的那個年代，計程車是主要的交通工具，然而大部份的計程車都不願意載輪椅族的朋友，出一趟門真是大費周章。記得某一個下雨天，在路上攔車，許多計程車呼嘯而過，視而不見，花了快兩個小時，才有車子願意停下來載我。

自從復康巴士問世後，我的生活圈大大的擴大了，無論出門或回家，上下車時，再也不需要有人抱上抱下，頗有楚留香「千山我獨行，不必相送」瀟灑地出門，出門再也不是什麼困難需要克服的事情了。

曾經為無法像其他的爸爸一樣，開車帶女兒出去玩，深感抱歉。現在都跟女兒說，你不覺得我們坐的車，比其他爸爸開的車，更寬敞更舒適，而且沒有「停車」的問題。呵呵！

有時候，會以身障者代表，去出席一些政府有關部門或殘障福利機構，舉辦的探討殘障福利問題的研討會和座談會。每一個所謂的專家學者，或是機構或是身障者代表，都有一套想法和見解，各說各話，難有交集。我的想法和見解，從以前到現在始終如一，那就是唯有解決或改善身心障礙朋友「行」的問題，讓這些朋友能夠從家裡出門，再從外面回到家裡，沒有障礙，來去自如。「行」的問題解決了，再談其他諸如工作、接納、福利，甚至人權等問題。行的問題無法解決，身障朋友無法自行出門，其他的問題無疑地是空談。

多年前，在一個研討會中，有一位在瑞典讀書的中國留學生吳京小姐。她表示，瑞典的復康巴士，一個月只要花費新臺幣一千五百元，就可以無限次的搭乘。另外只要在使用車子半個小時前，去電預約，一定可以有車可搭。這一點與台北的「一車難求」，是差很多的，若是和外縣市比起來就「差很大」了。

自從復康巴士問世後，宛如有了一雙來去自如的雙腳，也像一雙隱形的翅膀，讓我可以飛來飛去，去主持廣播、主持活動、演講等，散播正能量造福社會。從計程車到復康巴士，到現在我又多了一群粉絲、志工、朋友等人的車子，讓我人生的公里數，累積的越來越多，走得越來越遠。

和女兒一起學英語

好奇妙的一種感覺。

從上午到下午，亮亮透過視訊和留學中心安排的英文老師，進行四個多小時的英語會話練習。其實，亮亮並不喜歡英文，所以在學校的英文成績普普，當然就更少在平常的日子裡聽她說英語了。

如今，是她自己主動選擇要去國外念書，語言這種溝通的工具就不能不會，否則在國外她就成了啞巴，上課也會變成「鴨子聽雷」，所以她必須轉換喜歡，改變心情來學英文。

這讓我想到了弟弟劉鎧，他在念大學的時候，或許英文成績不盡理想，所以從未聽他說過一句英文。他唸的是數學系，家人認為他畢業後最好的工作，可能就是當個數學老師，所以會不會英文都沒啥影響。

豈料，人生比我們更有想像力。劉鎧考取了長榮航空機長，英文成了他工作上不可或缺的語言，否則，就會發生比「撞衫」更嚴重的「撞機」。嘻！

試著做一些你不精通的事，否則，你永遠不會成長。

劉鎧就是一個例子，現在的他，英文已是「嚇嚇叫」，還可以「飛行教官」的身份，教學新進的機師如何駕駛飛機，翱翔千里。

這一路走來，我何嘗不是如此，從對廣播一竅不通，搖身一變成爲廣播主持人，並拿下象徵廣播人最高榮譽的金鐘獎。從對寫作一知半解，到至今完成六本著作，都有不錯的銷售成績。還有就是舞台上的主持人，從剛開始的膽怯緊張，到現在的充滿自信；從剛開始的不知所云，到現在的妙語如珠，一晃眼，已經寫下超過千場的主持紀錄。

原來，這一切就是學習，認真的學習，努力的學習，堅持到底的學習，學習力就是生命力啊！

五十多歲，我又有了新的學習，新的挑戰，接下了大愛電視台《人生逆轉勝》的戲劇，以一個從未演過戲的素人演員，第一次就擔綱演男主角。演得好不好自己難以評論，但至少聽到的都是褒多於貶。

因為亮亮的關係，接下來，我又訂下了新的學習，重拾英語教材，開始學習英語，未來出國才不會什麼都靠人家，而且也可以跟亮亮的同學聊上幾句。

以前念書的時候，就很喜歡英文這一科，由於記憶力好，常常可以將英語整課課文背起來，所以考試的成績自然就名列前茅。只是進入社會工作後派不上用場，漸漸地存在記憶庫中的英文，就還諸天地了（呵）。

又是一個新的開始，我們父女一起來學英語。

///

和阿嬤Cosplay

出國前，亮亮有個願望，想和阿嬤拍一些*Cosplay*的照片，作為日後的回憶。她也設想到，如果某一天，阿嬤怎麼了，她無法或不及從英國趕回來，這些照片便是她走入思念時光隧道的途徑……。

極力地尋找過往的脈絡，女兒是從什麼時候，喜歡上日本這種*Cosplay*，翻成中文就是「角色扮演」。還真找不到一個時間表，感覺上好像是突然之間，本以為過一段時日她就會膩了，沒想到，一直樂此不疲到現在。

我向來尊重她的興趣，只要注意到她的交友情形，不要結交到壞朋友，應該就不會有什麼嚴重的事情發生，其他的一切就順其自然吧！

之前廣播節目錄音時，談到了「你會思念的一個人」，亮亮提到了阿嬤，說著說著便哭了，也才知道她有如此的心願。

難得這孩子有這樣的想法。

自己要扮演什麼樣的角色，亮亮早有定見，但阿嬤呢？後來她想到，讓阿嬤妝扮宮崎駿

「霍爾的移動城堡」一片中的女主角——蘇菲，一個被女巫下了魔咒的從女孩變成的老婆婆。

接下來，就是去尋找服裝、飾物、拍照的地點等，這些都還不是最困難的，最困難的是如何說服「小面神」的阿嬤，願意穿上這樣的服裝，在公眾的場合不在乎別人的眼光。在好說歹說、連哄帶騙，甚至動之以情勢之下（呵呵），阿嬤終於首肯了。

一個炎熱高溫的午后，在我們家樓下的公園，就進行了這一場「圓夢」計畫。亮亮穿了一件黑色緊身長褲，上半身白色長袖襯衫，搭配著一件紅色系滾金邊的外套，她演出的角色就是「霍爾」。再說阿嬤，穿上了這一套服裝，彷彿「蘇菲」上身，頗為神似。

在一旁擔任觀眾的我，發覺亮亮對於鏡頭泰然自若，絲毫沒有不自然不自在的忸怩狀態，就像明星或演員那麼的習以為常，這應該就是玩 *Cosplay* 所累積的經驗吧！而我自己，是經歷了拍攝「人生逆轉勝」這部戲，將近半年的時間，才習慣了「鏡頭」這玩意兒。呵呵！

一個國中的孩子，從她做這件事情上，讓我們看到了「三不五時，愛要及時」，這是身為大人我們，應該要像孩子學習的地方。

///

社會良能

祖孫三代，一家四口，一起外出用餐，當七十歲的阿嬤坐定位後，看到鄰座的我，突然興奮的說，「你不就是演大愛的那個人嗎？」我微笑地點點頭。

從那一刻開始，阿嬤就如數家珍的，對著一旁的兒子、媳婦，還有孫女，訴說著故事中的情節，且不斷地稱讚我很棒，很了不起。本以為告一段落後，大家就各自用餐了，豈料阿嬤又接續下去，她說每一集都看，表示我有一個女兒，為殘障朋友成立了一個表演團體。我心想，阿嬤看得這麼認真，而且記憶力這麼好。

阿嬤吃了幾口麵後，又繼續說下去，這個話題儼然成了她的連續劇。可見《人生逆轉勝》

這部戲，在阿嬤的心中所造成的迴響，彷彿漣漪般一圈又一圈的擴大。

其實，從阿嬤進門時，我就察覺她是被攙扶著，行動不便者。能夠同桌而食，就是一種因緣，而她又是這部戲的粉絲，讓因緣又擴大了。

如此的相遇，也可能有另外一個結局，那就是阿嬤裝作不認識我，或是頂多跟我打個招呼就好。而阿嬤能夠這麼有能量滔滔不絕地告訴我，想必是這部戲給了她正能量，才能夠樂此不疲地知無不言，言無不盡。

這一晚，這一餐，這一桌，阿嬤搖身一變成了主講者，只見她眉飛色舞，只聽她娓娓道來，訴說著一個人令她感動的故事。誠如上人在去年的某一次董事會上說，「人生逆轉勝這部戲，是今年最好看的一部戲，並且對社會發揮了最大的良能」。

///

故事

不記得是先認識誰了，是邱媽還是劉爸，不過，這不重要，重要的是他們的故事。

邱媽家裡有兩個肌萎症的孩子，家裡有一個這樣的孩子，已經夠不幸了，更何況是乘以二，等於是不幸中的不幸。悲劇還不止於此，這兩個孩子的症狀，是屬於肌萎症中最嚴重的，叫做「裘馨氏」，也就是平均壽命在二十歲左右。

然而在邱媽的臉上，看不到愁雲，看不到慘霧，在她的嘴裡，聽不到怨天，聽不到尤人，她只告訴自己，遇到了就要去面對。這是何等超凡入聖的情緒和能力啊！不得不令人俯首稱臣地向她學習。

我在警廣的節目中曾訪問過他們，夫妻兩人，帶著坐輪椅的孩子來上節目，對他們一家人留下深刻的印象。不知為什麼，在我們之間時間的巨輪竟流轉了好多年，再見面時，知道了這兩個孩子已相繼過世，而更令人訝異的是，她領養了一個孩子，是一個智商有狀況的孩子。心想好不容易可以脫離殘障者的桎梏，卻還是選擇殘障孩子來照顧，這是何等高貴，令人望塵莫及的情操啊！

無獨有偶的，劉爸的兩個孩子也是肌萎症。劉爸是我早年警廣的聽眾，讀過我《輪轉人生》一書，印象深刻的是，他曾打電話跟我「取經」，在電話中，他流下了男兒淚，泣不成聲地訴說著……

劉爸對於孩子的管教十分嚴格，因著孩子的犯錯，曾經罰孩子下跪。一個坐在輪椅肌萎症的孩子，由於無法罰站，只能罰跪，這應該稱得上是「虎爸」了吧！

這一段回憶，是劉爸帶著兒子一起來上復興廣播電台節目時，小主持人亮亮不經意地問他兒子，爸爸有沒有打過他，爸爸說沒有，兒子說怎麼會沒有，才道出了這段往事。劉爸早已經忘了，他的兒子卻耿耿於懷；有時候孩子訪問孩子，就會擦出意想不到的火花。

儘管教養嚴格，劉爸卻十分疼愛兒子，經常帶著孩子，一家人展開國外旅遊，去過許多的國家，留下許多美好的回憶。帶著兩個坐電輪的孩子出門是不容易的，事先必須了解許多的問題，包括輪椅的收放、使用的電池，以及國外景點無障礙等問題。

這兩個不同家庭的爸媽，最讓人佩服的是，展現了幼吾幼以及人之幼，愛屋及烏，推己及人的精神。目前劉爸是台灣障礙權益促進會理事長，邱媽是台北市肌萎症病友協會總幹事，他們將小愛化作大愛，希望透過團體的力量，關懷照顧更多的身心障礙朋友。

有句話說，讓你的存在，成為別人的祝福。而我將這句話改成：讓你的故事，成為別人的力量。不論是存在或故事，劉爸、邱媽都稱得上是最好的範例。而我能做的，就是用我擁有的管道，傳頌這些人的故事。

///

英雄帖

突發奇想，利用 LINE 和臉書的私訊，發一封英雄帖給認識和不認識的親朋好友們。

「親愛的朋友，

我正在尋找一位結好緣、做好事的人。因此，發出了這封英雄帖。

八月十六日下午，我將前往位於土城的台北女子看守所，針對裡面的收容人，做一場正能量的演講。除了演講，希望能夠捐贈我的著作二十本《坐看雲起》一書，提供所內的收容人閱讀，讓他們作為演講後的延伸。所以只要贊助六千元，就能一起參與『送愛到監獄』的活動。

其實這個活動，我絕對可以輕而易舉地獨力完成，只是覺得能夠呼朋引伴，共襄盛舉，一起來做關愛社會的事，不是更好嗎？我不喜歡揪人吃飯，但喜歡揪人做善事（呵呵）。最小的善行，勝過最大的善念，化心動為行動才是最重要的。

只是不知道大家的反應會如何，若是反應熱烈，不只一個人願意投入此一活動的話，到時候可能就要抽籤決定人選了。哈哈。」

發出英雄帖的那個晚上，沒想到反應踴躍，一整個夜晚忙碌不已，而且一下子就達陣了。國中同學徐向國率先響應，接著是我以前住在廣慈博愛院來院裡服務的台灣大學慈幼社的沈優玲姐姐，然後是南山人壽的許美玲小姐，還有幾天前來觀賞混障演出，僅有一面之緣的廖偉志先生。

最意外的是，有一位素昧平生的臉書朋友連雪鳳，她說也要共襄盛舉，只不過無法同行。我說如果真的分身乏術的話，是否請北女所致贈一份感謝狀，以示徵信。她表示不需要徵信，一副完全信任狀，令我感動萬分。

唯一小小的遺憾，就是這些捐助者，都無法一起同行，只能奉獻錢，而無法奉獻身。然而大大感謝的是，響應者不斷地湧進，還有一些小額的捐款者，還有一些明知道他們的錢是辛苦賺來的，仍想表達一份心意，最後都一一婉謝，確定了一百本的數量，比之前的計畫，多出了五倍。

其實，這個突發奇想之舉，還有一個目的，那就是我常常對外宣稱，自己追求的是影響力勝於名利，那麼我的影響力到底如何？這一次的英雄帖，便是一個測試，想不到我還真的具有影響力，而非自我感覺良好。呵呵！

歷經此事後，更提醒自己，要珍惜這日積月累，得之不易的影響力，好好的愛惜羽毛，並堆疊更多的影響力，幫助更多需要幫助的人。

///

赴英國讀書二三事

在一旁的女兒，顯得有些緊張，坐立難安。

幾天前，收到女兒就讀的成淵國中寄來的公文，內容是學校將召開學生事務會議，討論學生劉亮亮「請假」一事，請家長務必出席。

話說亮亮前往英國讀書一事，這學期因留學中心安排了視訊上課、考試、面試等等，請了不少假。本想讓女兒休學好了，這樣就不會有請假的問題，她也可以利用這些時間多學習英語，為英國之行做準備。

詢問之後才了解，國中是義務教育，不能休學。

老婆對於召開會議一事，頗不以為然，她認為女兒又不是翹課、鬧事、甚至嚴重的吸毒，有必要如此小題大作，接受「公審」嗎？這樣有可能在孩子在心中造成陰影。我告訴老婆，先別把事情想得這麼糟糕。是故，我決定親自出馬，所謂兵來將擋、水來土淹，再演一齣「人生逆轉勝」的續集。呵呵！

會議在學校三樓的會議室召開，大大的隋圓形的桌子，桌面豎立著固定式的麥克風，中間端坐主任，兩旁則是各科室的主管，約十人左右。心想，「陣仗」未免太大了吧！現場的氣氛帶著肅殺，像極了劉德華主演的電影「法外情」的場景。以往，主席的那個位子都是我坐的，或是以貴賓之姿坐在主席旁，等待著被稱讚或頌揚，想不到現在卻坐在「被告席」，這也差太多了吧！

看樣子，為了孩子不惜「背水一戰」。

我告訴我一旁的亮亮，「沒事，人就是要歷經面對各種大大小小的場面，如此才能淬鍊具有大將之風」。豈料，會議不到10分鐘就結束了，在場全數無異義地通過了亮亮的「請假」問題。會後，有老師說看過我的書，有老師看過我演的戲，還有老師想邀約我到學校演講……。

整個氛圍天壤之別的翻轉。

心中開始嘀咕：若想請我做什麼事，或是想看偶像的話，直說無妨，幹嘛用這種大費周章、煞有其事的方式，把我請到學校去。嘻！

五一勞動節的震撼教育。沒事就好，虛驚一場。

///

容貌

最近，親戚傳來一張和香港影星狄龍的合照，著實嚇了一跳，當年帥氣風發的武打小生，怎麼會變得這麼老，實在無法和年輕時聯想在一起。

不少現身於螢光幕特別是藝人，不少觀眾都會感嘆，年輕和年老怎麼會差這麼多，殊不知，容貌本來就會漸漸老去。

其實，自己也發覺過了中年後，帥氣的容貌確實步步向老態走近，頭髮白了，面頰的肌肉鬆弛了。所幸年過四十後，就體悟了如此的道理，並告訴自己，與其長得漂亮，不如活得漂亮。

多讀一本書，多一個微笑，多做一件好事……，這些都會改變容貌的。這就是為什麼到現在，自己還抓得住帥氣的尾巴。呵呵！

///

時間膠囊

朋友鄭昆山的兒子將赴日本讀書，臨行前，約我見面，希望給孩子一些正能量。我約了他們一家三口上廣播節目，為孩子留下一些聲音，一些祝福。

四月下旬，相約了南投紅葉國小的全校學生們上廣播節目，並為錄製的節目取名為「時間膠囊」。錄下孩子們的童稚聲音、童言童語，以及他們許下的未來願望，這是一個千金難買珍貴又美好的回憶。曾以瑩校長覺得很棒，所以在城鄉交流之行中，將此列為一個稱之為景點也好，交流也罷的地方。

兩年前，女兒小學畢業時，我也邀他們全班同學和老師，錄製了「時間膠囊」。那一次，錄音室被擠得滿滿的，十分熱鬧，歡笑不斷，令人印象深刻。

幾年前，有一位獅子會的會長上我的廣播節目，沒過多久，在一次登山中，會長因心肌梗塞不幸喪命，由於走的突然，什麼東西都沒有留下，而他受訪的那一個節目帶，成了會長夫人唯一聽見先生聲音最好的懷念。

主持廣播節目二十多年，曾幾何時，發現自己的節目，竟成了可以送給別人的一份愛的禮物。

///

祕密

在廣慈博愛院的那段日子，宛如跌落人生的谷底！

九歲那年，父親送我去位於台北松山區福德街的廣慈博愛院，這是屬於台北市政府所設立的慈善機構，裡面有幾個場所，養老院收容的是六十五歲以上孤苦無依的老人，約一千多人，孤兒院是住著無父無母的孤兒約一百多人，我住的復健所是以身心障礙的朋友為主，也有一百多人。

猶記父親送我到廣慈的那一天，凝望著他的背影離去，逐漸消失在沈沈暮靄之中，那時候的放聲大哭，除了是宣洩心中的難過，也是一種向老天的抗議吧！為什麼三歲會罹患小兒麻痺症，九歲又要離鄉背井，去面對一個完全陌生又無助的未來。

每當午夜夢迴或是獨處的時候，想著自己未來的人生，覺得自己不可能會有工作，不可能會結婚，不可能會有小孩……唯一的可能，就是父母親不要我了，才會把我送到廣慈，想著想著，伴隨我的只有潸然而下的淚水。我甚至認為會在廣慈終老一生。

父親節的這一天，寫了隻字片語給女兒，並貼在臉書和大家分享，沒想到造成極大的迴響，按讚的人數超過了一千多人，留言的人超過一百人，這是在《人生逆轉勝》播出的那段時日，才有的盛況。

女兒啊！

雖然我無法將你高高舉起，扛在肩頭上，可是我卻給了你不少父親缺乏的時間陪伴。

女兒啊！

雖然我給你的不是世界上最好的東西，

可是我卻給了你，我所有的東西。

女兒啊！

你喊我一聲爸爸，

我一生為你做牛做馬，付出打拼，

用「一聲」換「一生」，絕對物超所值啊！

我當過董事長、執行長、團長，但這些角色中，我還是最喜歡當「家長」。謝謝你的誕生，讓我嘗到了做父親的滋味，那是一種甜蜜的負擔。

願你快樂的長大，看著你快樂的長大，這就是我快樂的泉源。

祝大家父親節快樂。

而女兒也主動地寫了一張小卡片給我，上面寫著：

「老爸，

父親節快樂！

謝謝您一直以來的照顧，《人生逆轉勝》的故事聽得百遍，長大後才清楚地感受到其中的道理。出國讀書是個十分重大的決定，謝謝您一直都支持我的決定，我會努力用功。

真的很幸運，能擁有您這個爸爸，您永遠都有一套獨特的方法，教導和陪伴我，我希望您看到我大學畢業的那一天。我知道您真的很愛我，謝謝您，我也愛您。」

四十歲是我人生的分水嶺，四十歲以前一無所有，四十歲以後一無所缺。我的人生為何會有如此的「差很大」的天壤之別，因為我發現了一個「秘密」，只要努力不懈，谷底唯一的路，就是向上。

///

記不記得

七月底的最後一個週末，尼莎颱風來襲，哪裡也去不了，只好待在家裡，聽著窗外滴滴答答的雨聲。腦海中閃入了關鍵字「聽雨聲」，於是就浮現了李商隱的詩詞：「秋陰不散霜飛晚，留得枯荷聽雨聲。」

孩提時候，爺爺會要求我們這兄弟妹背「三字經」、「百家姓」、「唐詩」等等。爺爺不是說說而已，還要到他面前去「驗收」背給他聽，至於背完之後，會有什麼獎勵，已不復記憶。

在那個物質缺乏的年代，即使是一顆糖果、一塊餅乾，或是表示鼓勵的摸摸頭，都會讓我們幾個小蘿蔔頭，歡喜好一陣子。不知為何，小時候背誦的東西，特別容易記得，到現在想忘也難忘掉。不知道自己的好記性，跟從小爺爺要我們背頌這些詩詞古文這件事是否有關。

有一年，和旅居美國三十多年，從事高科技產業工作的盛良平大哥見面。閒聊中他談到了科技帶給人類極大的便利，但一些災難也跟著不知不覺地悄悄而來。他舉例「*Google*」一事，自從有了*Google*之後，要搜尋資料方便太多了，只要在電腦和手機輕輕一按，所需的東西就可以一筆又一筆的呈現眼前，不得不說這是科技的「大躍進」。

盛哥表示，這確實是一大發明，但相對的問題也降臨了，人們將不再記憶和背頌一些東西了，因為所需要的資訊輕而易舉、隨手可得，又為什麼需要花時間去記憶和背誦呢？不過，不去記憶不去背誦的後果，將導致大腦的記憶能力逐漸衰退，大腦的功能也開始下降，如同不運動的人，肌肉會萎縮一樣。

大腦越來越減少使用，電腦越來越有所依賴，尤其現在又有了AI人工智慧，人們的生活幾乎都被電腦掌控，而失去了自我的能力，就像現在許多人都用電腦打中文，導致愈來愈忘了中文怎麼寫。這便是人類可能要面臨的危機之一。

不知道盛哥的說法，是否有什麼理論基礎或是什麼根據。不過，我是贊同的，個人以為不論在學生時代的求學，或是步入社會的求知，要想有得有獲，所謂的「博覽強記」是重要的關鍵，兩者是缺一不可的。光博覽沒有強記，很快的博覽的東西就會淡忘，到最後的遺忘。

所幸現在的學校考試，有「*Open book*」，還沒有「*open cellphone*」，否則，就沒有人要讀書了。

當然也未必每一件大大小小的事情，都必須鉅細靡遺的強記，而是記住重要難忘的大事，忘掉芝麻綠豆的小事，就像人生一樣，將意義放在心裡，把煩惱拋諸腦後。

///

做自己

有一次，混障綜藝團演出後，在台中高鐵候車回台北的時候，團員馬惠美和郭韋齊，有一段有趣又富有禪意的對話。

惠美問：「你爸爸在做什麼？」韋齊回答：「做自己。」

在一旁的我，聽了哈哈大笑，好一個「做自己」。

許多人都不願做自己，希望做別人，譬如成為蔡英文當上總統，擁有許多的權力，或是成為郭台銘，擁有許多的財力，或是成為林志玲，擁有一身的美麗。殊不知，他們背後承受的壓力，所付出的努力，是你我所不知道的，你能夠有像他們一樣的能耐嗎？如果沒有的話，你又有什麼資格能夠做他們呢？

以前在警廣主持節目的時候，尤其在榮獲金鐘獎後就有人告訴我，為什麼不改變型態主持流行歌曲，這樣聽眾比較多，而要主持比較冷門的關懷身心障礙朋友的節目。我表示，即使改弦易轍，我再努力再認真，也主持不過當時紅極一時有流行教母之稱羅小雲，我不想成為羅小雲第二，我只想成為劉銘第一。

還好我當時，一直堅持這樣的理念走了過來，否則就不可能有今天了。有媒體記者曾訪問已過世的影星張國榮，問他為什麼能夠獲獎無數，每一個角色也來都能夠演來絲絲入扣，細膩動人。張國榮表示，即使他演的是配角，也會當主角來演。這樣的回答，令人印象深刻，始終讓我牢記於心。

人生如戲，戲如人生，「自己」這個角色，最容易飾演，也最困難飾演，也唯有從能夠勇於做自己開始，因為「做自己」最快樂、最自在，才能在人生的舞台上，有滋有味，多彩亮麗的演好這部人生的戲。

///

從出書到賣書

每每出書前夕，不知不覺就會想到伊甸。

多年前，曾到伊甸社會福利基金會上寫作班。那時候，住在板橋，沒有工作，沒有收入，也沒有像現在方便身障朋友搭乘的復康巴士，往返主要而且只能靠計程車。不過，搭計程車費用昂貴，因此之故，常常盤算有什麼方法能夠降低費用。當時，還是女朋友不是老婆的淑華，曾經揹我搭過公車，好朋友林我欽用他三輪摩托車載過我，以及也試過一種方法，有志工推輪椅走一段，譬如走過華江橋，然後再搭計程車。

還記得有人知道了這樣的情形，贊助我一筆錢，當做車資，一位叫做李淑卿，一位叫做周瑞珠，她們都是撐拐杖的身障朋友。這件事情始終牢記於心，現在為什麼樂於幫助別人，或許就是想將這一份愛繼續傳下去，這就是我人生的座右銘之一，「做個好人，心有餘力，幫助他人」。

不過，我常常「辜負」了這些人。

那時候，我還是廣青合唱團的成員之一，由於練唱和演出等事宜，我成了寫作班可能是缺課最多的人。有時候，上課的老師還會問我，為什麼「外務」這麼多，不能夠專心一致的上課。

如今，多年過去，這位缺課最多的人，竟成為班上出書最多的人，現在正在讀此書的人，這本書就是我的第七本著作，雖然不是暢銷作家，但絕對稱得上是長銷作家。

在一本又一本的出書過程中，我發覺了一件事，那就是會「寫書」重要，會「賣書」更重要，否則一本書寫得再好，賣得不好，出版社就不可能為你出下一本了。每當有人稱讚我文筆這麼好，能夠出好幾本書，我都會打趣的說，不是我會寫書，而是我會賣書，自認賣書的功力更勝於寫書。

記得有一次，曾給自己一個自我訓練，我從家裡到警廣主持節目，搭計程車的車程約三十分鐘，就告訴自己，在這段時間裡，我要試著鼓起勇氣，賣一本書給司機。結果到了目的地，真的做到了，下車時不是我給司機車錢，扣抵下來，而是他還要給我書錢。哈哈。

寫書重要，賣書更重要，如同我常鼓勵混障綜藝團的話，專業重要，敬業更重要，「專業只是最低標，敬業才能使我們三級跳」。

寫作班的課程，只是讓我印證與加深了一句話，那就是要有好的文筆，必須像古人所云「多讀胸中富，勤練筆生花」，也就是多讀、多寫，再加上多觀察，若有更多的經歷和體驗，文筆自然就會好起來。這就是為什麼會養成寫日記的習慣，無非也就是鍛鍊文筆。

另外，鍛練文筆，能夠寫書，這是一條漫長的路，並非在課堂上寫得好有所表現，就能夠出書。重要的還是在於課程結束後的這一段人生之路，是否能夠繼續「練筆」，堅持下去，這才是關鍵重點。像我每晚在臉書上固定的貼文，就是在學習「堅持」這門功課。

若以我目前交出的七本書著作，以及稱得上是長銷書的作家，這樣的成績單，現在想想，應該並未「辜負」當初幫我助我的這些人了。感謝他們。

///

從唸唸到轉念

為什麼我會對這件事，這麼的心平氣和。

七月底的一個酷熱午后，臨復康巴士出發前，女兒還在趕她的美語功課，這時候老婆的「唸唸」神功又發功了。之前就叫你趕快寫，甚至昨晚我就說了，為什麼都要在最後的時間，你才願意動筆……。

「唸唸」神功，似乎是大部分的女人變成老婆後，不知不覺地或是許多人都有如此的天賦異稟，練就了此一神功。

女兒私底下告訴我，出門前，她過於用力，將廁所的電燈開關弄壞了，該怎麼辦？我了解她是面對「唸唸」神功轟炸時，無法回嘴又不能頂撞，那個開關就成為她如廁後的「用力」，其實發洩情緒的地方了。

當老婆知悉此事後，氣到一整個晚上都不和女兒說話。這時候輪到我發功了，不過我練的神功，並非「唸唸」而是「轉念」神功。我告訴老婆，至少孩子還願意誠實的告知，如果她不說，沒有人會知道開關壞了是和她有關，這一點是值得肯定的，如同美國第一任總統華盛頓小時候砍倒櫻桃樹的故事。至於需要教導她的，就是情緒的處理，不該用破壞東西的方式。

我把女兒叫到我們面前，首先她必須要跟我們道歉，因為她沒有把情緒處理好，以致造成我們必須請水電工來修理，還有損失一筆原本不需要損失的錢，這是她衍生的錯誤；有錯誤就要學會道歉。接著我告訴她，正確處理情緒的重要性，當情緒有如洪水猛獸一般出閘時，不當的處理就會造成不當的錯誤，譬如，用破壞東西或是傷害自己和別人，這些都是不對的，不可不慎啊！

至於什麼是對的，或是如何處理自己的情緒，是一門大學問，可能要說了三天三夜，或是耗費難以計數的篇章，都未必能夠道盡。否則就不會有許多人，要花一輩子來為此修行了。

好好心情才有好好生活，好好生活才有好好人生。這就是為什麼會寫出我的第四本著作《人生好好》一書。

轉轉念，幸福就在心裡面。這就是讓我能夠維持心平氣和，常常保有好心情的「轉念」神功。

///

聊聊教育

對女兒的教育，我就是採取了如此的法則。

先來讀一個我喜歡的小故事。

愛迪生還是小孩的時候，有一天從學校放學回家，把一張小紙條交給他媽說：「媽，我的老師將這紙條遞給我，並說只有妳能看。他說什麼呢？」

他媽媽邊看邊流淚，大聲讀給孩子聽：「你的孩子是天才，這個學校對他來說太小了，沒有好老師可以訓練他。請你自己教導他。」

愛迪生的母親過世很多年之後，有一天，他經過衣櫃時，看到當年老師寫給他媽媽的折疊信。他打開，信上這樣寫着：「你的孩子有精神上的缺陷，我們不能讓他繼續留在學校就讀。他被退學了。」

愛迪生讀信時，心情變得非常激動。然後，他在日記上這樣寫道：「湯瑪士愛廸生是一個有精神缺陷的小孩，但他的母親把他改變成為世紀的天才。」

記得那一天，我叫女兒讀完這篇小故事，有別於其他我叫她讀的任何的文章，我告訴她，這就是我對於她的教育。從表情看得出她有被觸動到，顯現出些些的感動。

西方的教育家曾說，教育的不二法門，榜樣與愛。但光有榜樣，顯得嚴厲，若只有愛的話，又缺少了紀律，兩者缺一不可，相輔相成。

相信大部分的父母，對於子女都有滿滿的愛，這是無庸置疑的，然而是否能用正確的愛面對子女，則是許多爸媽所缺乏的。

正確的方法之一，就是我以身作則來成為榜樣，如果我自己都做不到，有什麼資格要求孩子做到。譬如：我希望她養成閱讀的好習慣，所以我自己必須要有閱讀的習慣；我希望她練習每天寫小日記，這樣有助於鍛鍊文筆，所以我必須自己也有寫日記的習慣，否則，如何要求她呢？就是因為自己做得到，所以當要求孩子的時候才有說服力。

在孩子的成長過程中，我從未對她大小聲的說話，總是循循善誘，好言相勸，這樣我才可以要求她跟別人說話時，能夠溫言軟語，和顏悅色。我從來不用打罵教育，在我的記憶中，只有一次她說謊被識破，我認為說謊是很嚴重的事情，若只有口頭上的勸勉，似乎產生不了多大的效用，所以才處以罰站，讓她靜靜的站著，好好的反省。

原來，一句充滿正能量鼓勵的話，能夠幫助改變一個人的命運。

///

寒冬來澎湖

老天真會安排行事曆，選在入冬以來最冷的一波寒流，讓我來到更低溫的澎湖。尤其澎湖的東北季風，若以颱風來形容，絕不誇張，連澎湖人自己都說，走在路上或騎車，很容易被風吹倒。

原本只是澎湖家扶中心邀約的一場演講，後來不知怎麼消息傳開了，一場變成了三場。我也喜歡這樣，不怕疲累，只希望將時間充分地利用，做更多的事情。

這次澎湖之行的演講，其中一位知音叫做許晴媄，她有好幾個身份，警察、歌手、柔道教練、奧運國手等。下午演講中，讓她又哭又笑，可能還覺得不過癮，或是獲益良多，晚上的演講，她又出現，還找了老公一起來聆聽。

另外還有一位綽號叫做「蚊子」（本名黃卉娟），她是澎湖海洋公民基金會的工作夥伴，派來接待我們的人員。然而當她的工作結束後，隔天星期六是屬於她的假日，她卻隨侍在側，從買早餐送到我們住的飯店，然後就一路跟著我們，協助大大小小的事情，彷彿我的一日志工。

蚊子一直陪著我們到機場，在臨行前和我們擁抱，竟然落淚。她表示，和我們一見如故，有一種家人的感覺，所以才會依依不捨，希望我們要記得她。尤其聽了我的演講，帶給她繼續努力向前的力量。

在家扶中心那場演講，面對的是從國小到大學，甚至還有一些碩士博士生。該中心的蕭舜然主任表示，他們服務的對象，主要以十二至十八歲經濟弱勢的孩子為主。我告訴這些孩子，剛開始出來工作時，還記得每個月的收入只有二千元，但由於自己的努力和打拼，還說了一個自己「永不放棄，創造奇蹟」的故事。如今的收入已經是當初的「倍增」

了。希望藉著自己的現身說法，能夠讓這些孩子翻轉人生，走出一條自己的路，有一片自己的天。

沒想到一場又一場的演講，會在人們心中引起一波又一波的漣漪。澎湖的氣溫很低，但曾幾何時，我已成了一個有「溫度」的人，所以不怕低溫。嘻！

///

痘痘歲月

女兒正在度過她的「痘痘歲月」。

不知是正處於青春發育期，還是生活習慣不好，譬如：不愛喝水、不愛洗臉、過於晚睡等，所以她的額頭上佈滿了青春痘。有大顆的，小顆的，其中有一顆還化膿。

那天晚餐，我要她把臉湊過來，讓我親親。這是我們父女間常有的互動。女兒將臉頰靠了過來，我表示，不是臉頰，而是額頭，她詫異地說：「可是額頭都是痘痘耶！你敢親啊！」

「當然敢！因為你是我們的女兒啊！」我很肯定的回答。

這使我想起了胡適的故事。

胡適小時候，曾經罹患一種叫眼翳病的疾病，也就是在眼睛上有一層薄膜。有一天晚上，他的母親趁胡適熟睡後，用其舌頭試圖舔掉眼睛的那一層薄膜。

用現在的眼光去看這件事情，母親何其的迂腐不智，完全不符合醫療的概念，然而這何嘗不是母愛的一種表現。

如同現在我和女兒在復興電台主持廣播節目，不少人認為，我是在做交棒傳承的工作，或是在訓練口齒口條語言表達的能力。其實不然，我只是在創造一段屬於我們父女獨有的親子時光。大部分的孩子，和母親如此的時光比比皆是，但和父親就不多了。只是想，百年後當我不在了，當女兒想起她的父親，這會是一段美好永恒的回憶。

父母對於子女的愛，似乎是自然流露，無法控制的，而子女又能感受、體會、乃至回饋多少呢？或許只有等到那麼一天，他們也為人父母了，才知道「養兒方知父母恩」。

///

給十四歲的妳

距離妳去英國讀書的日子越來越近，有時候，我竟會不捨起來，怎麼會是我，這應該是老婆的心情寫照才對。

不知道妳的心情如何？

我總是這樣鼓勵妳，爸爸九歲就離家到廣慈博愛院，妳十四歲才要離鄉背井，至少比我當時大了五歲。爸爸在廣慈的時候，因著手腳障礙，生活起居都得仰賴他人的協助，但我還是學會了獨立勇敢，妳四肢健全，行動方便，相信很快就能習慣沒有「保護傘」的生活了。

暑假期間，我陪著妳一起上美語課，上課的老師全程用美語教學，從剛開始我們兩個人都聽得霧煞煞，到後來妳進步得越來越多，幾乎可以聽得懂大部份的了。然而我還是宛如「鴨子聽雷」，原地踏步，進步有限。原本擔心妳的語言適應問題，突然之間釋懷了。

還有住在廣慈的那段時日，只有寒暑假才能夠回家，而在英國的學制，一年有三個學期，所以妳返家的次數，一定比我多比我常。

我在想像，送妳去學校的那一天，離別的那一刻，自己會不會情不自禁地落淚，就像當年父親送我到廣慈，目送他離去的那一幕，我大哭不已。怎麼會這樣？當我還是孩子的時候，告別父親會哭，怎麼現在我當父親了，告別自己的孩子時也會哭，為什麼哭的都是我一個人。或許妳也在汨汨的流淚，只是沒讓我看到吧！

記得妳小時候，比較解事之際，我像說故事一樣告訴你的「身世」，說你是像《小王子》一書中的小王子一樣，他是來自 *B612* 星球，而妳是住在波西米亞星球，之後降臨在地球，誕生在我們這個家。不知妳生活得習慣嗎？喜歡這個家嗎？

慢慢的妳也知道，這是跟妳說說笑笑的一種方式，是我們增進父女情誼，美好互動的親子時間。於是妳也跟我一搭一唱，像說雙簧一樣的玩了起來。妳問我 *B612* 和波西米亞到底是什麼樣的一個星球，於是我們就一起讀了《小王子》這本書。

這次英國之行，彷彿英國之旅，何嘗不是再一次的從這個星球到另一個星球的旅行，祝福妳會遇到好的人，好的事情，好的學習，有一個美好的旅程。

還好這樣的旅程，是逗點，而非句點，當妳學有所成，包括也學到獨立時，還是會回到我們這個星球，這才是你永遠的家。

祝福妳，一切的一切。

開路

///

為何會打造混障綜藝團，這一路走來，不時地有人問我這樣的問題。

先說三個小故事。

阿邦，台灣第一位視障朋友就讀大學音樂科系，文化大學音樂系畢業，主修小提琴。他也擅長豎笛，在啟明高中就讀時，曾以高中生身份，參加全國大專盃豎笛比賽，榮獲第一名。然而在當時的他，僅能靠著教小提琴，像家教一樣，成為他主要的收入。他花了四年的時間，排除萬難地頗為辛苦地學成了小提琴這種才藝，相信最初的夢想，絕不是只想成為家教，而是希望走一條音樂之路。

阿開，一生下來就看不到這個世界，文化大學音樂系國樂組畢業，主修胡琴，有「音樂怪傑」之稱，因為他不僅拉得一手好胡琴，還可以用胡琴模仿許多的聲音，包括貓、狗、小鳥等動物的叫聲，還有救護車、救火車，甚至靈車等等。最令人嘆為觀止的是他的音感，有所謂的「絕對音感」，他可以從一個演奏的樂隊中，清楚地聽出來哪一種樂器的音準是不準的。這樣的人才，如果不走音樂這條路，實在是一種浪費。

阿瑋，也是一位學音樂的視障者，文化大學音樂系畢業，主修長笛。外表看起來十分斯文的他，再搭配向來給人很有氣質的長笛這種樂器，不知迷倒了多少人，擁有多少的粉絲。不過，由於演出的機會太少了，有一度，他又重回按摩的工作。

在台灣，大部分視障朋友從事的工作就是按摩，不是說按摩不好，而是每個人的志趣不同，為什麼視障者只能走按摩這條路。如同早年身障朋友有所謂的四大行業，分別是刻印章、修鐘錶、按摩、算命，這似乎成了障礙者跳不出去擺脫不了的宿命。

再次強調，這些工作真的沒有什麼不好，甚至貴賤之分，只是為什麼障礙者不能依自己的志趣來選擇工作，必須被命定。這就是我常說的，要看一個國家是否進步，夠不夠文明，不是觀其國防的船堅砲利，也不是經濟的蓬勃發展，主要還是端看其身心障礙朋友能夠從事的工作是否多元化。

這就是創立混障主要的目的，讓身障朋友有個一展才藝，述說自己生命故事的舞台。這只是個外在舞台，其實還有個內在舞台，那就是心靈舞台，透過這個舞台，找到許多身障朋友最缺乏的「自信」。

雙手雙腳截肢，今年二十四歲的郭韋齊，就是一個最好的範例。

多年前，在台北國父紀念館有一場演出，我訪問郭韋齊，她完全答非所問，我還戲稱，她是我有史以來的訪問者中，不知所云，最難訪問的人。後來她加入了混障，成為了團員之一，人生有了大大的變化，用「翻轉人生」來形容絕不為過，這期間她找到了「自信」。

自信，讓她完成了不可思議的人生三個拼圖，這是許多有手有腳、四肢健全的人，也未必能夠做得到。第一個拼圖，就是騎著改裝的自行車，經過十八天完成了環島之行；第二個拼圖，套上游泳圈，泳渡日月潭成功；第三個拼圖，也是最難的一個，挑戰台灣第一高峰玉山，攻頂成功。

8月28日，郭韋齊又有新的點子，也就是挑戰飛行傘，翔天際，繼續拼湊她的人生圖片。

馬克吐溫曾說：「追求理想是崇高的，幫助別人追求理想就更崇高。」走出來的人，要為尚未走出來的人開路，我始終是這麼認為，因為以前尚未走出來時，也是別人為我開路。

///

僅僅一個畫面

不只是媒體，有時候演講也會有許多的聽講者，問我這樣的問題，「你是如何突破障礙，邁向成功的」。

的確，台灣目前領有殘障手冊的身心障礙者大約一百一十五萬，對外都是宣稱百萬大軍的殘障人口。如此眾多的人口，但大部分的人，心中有兩個痛，一個是缺乏工作，一個是感情的路走得跌跌撞撞，不少人都是單身未婚，少了家庭生活的滋潤。

若要構築一個畫面，那就是身心障礙朋友多半躲藏委身於陰暗的角落，需要別人的同情，需要別人的幫忙，需要看人家的臉色等等。比較好一點的情形，就是父母可以照顧他們一輩子，直到爸媽的離世，然而這樣的生活，宛如困坐「家牢」。

我不願隨意或簡化回答這些提問者的問題，好比我的成功是基於努力、勤奮、堅持等，我覺得這些字眼，過於空泛空洞，無法給人激勵，產生契機。我希望真誠回答，據實以告，其實讓我能夠突破障礙，邁向成功，僅僅就是一個「畫面」，那就是我不想像大部分的身障者那樣，躲在陰暗的角落，過那樣的生活，我要走出來，走到舞台的中央。

就是這個畫面，才會醞釀出想要翻轉人生的動機或是動力，就是因為如此的動機和動力，才會產生努力、勤奮、堅持等方法，去拉近和成功的距離，然後一步步走向舞台的中央。

每個人對於「成功」的定義不同，因人而異，有些人認為賺很多的錢，坐擁財富，叫做成功；有些人認為五子登科，擁有幸福美滿的家庭，叫做成功；有些人認為，位高權重，擁有很多的群眾，一呼百應，叫做成功；有些人認為關懷弱勢，熱心公益，造福人群，像德蕾莎修女一樣，叫做成功。

若依照一般人對成功所界定的這些定義而言，我應該稱得上「成功」了，而且還有好幾項成功。呵呵。

出書有許多好處，除了古人所說的三不朽的「立德」、「立功」、「立言」中的「立言」外，對我來說還有一個好處，那就是以後如果有人再問到這個問題，就可以請他們去看這本書的第幾頁的這篇文章，而不需要再費唇舌，一遍又一遍地述說了。嘻！

///

溫馨接送情

因著「人生逆轉勝」這部戲，除了有了淑楨這位幫手，還有一位幫手；如果淑楨是容易被眾人看見的「顯性」，那麼這位就是默默而為的「隱性」，她的名字叫做陳燕華。

曾形容復康巴士如同我的雙腳一樣，可以載我去工作、去休閒，去許多想去的地方；有了復康巴士，就脫離了計程車歲月，我可以來去自如，再也不需他人協助抱上抱下，以及看人臉色了。然而復康巴士的服務範圍只有「雙北」，離開了台北市、新北市，交通仍然是我有待解決的問題，這時候，我的雙腳又變得動彈不得了。

老天就是有一雙奇妙的手，在人生的某個階段，某個時空，就會派遣一位天使或菩薩，我稱這些人為「貴人」，適時地出現。燕華就是這樣的一位貴人，這時候，雙腳動彈不得的封印又被解除了。

燕華不只幫了我，也幫了混障的團員，意想不到地更幫了也是輪椅族的岳母。

去年，十二月份一個寒冷的冬日，混障綜藝團前往南投偏遠山區的紅葉國小演出。開了兩部車，從台北出發，其中一部就是燕華開的車，去程約五、六個小時，回程也差不多這樣的時間，也就是說，這一趟送愛到偏鄉學校的行程，她開車就開了十個小時以上，十分的辛苦。

說到深入簡出的岳母，唯一讓她願意出門的動力，就是去竹南「探望」因車禍往生的女兒。岳母的子女沒有人開車，其實，若是要拜託親朋好友開車也是可以的，不過，岳母的個性向來不願意麻煩別人，因此作罷！還有一個方式，那就是包計程車來回，但對於自奉節儉的岳母來說，那是不可能的，即使我們願意幫她出錢，她寧願將對於女兒的思念放在心裡，而不願首肯。或許她跟燕華比較投緣，不到一年裡，已經去看過女兒兩次了。印象深刻的是，八月下旬，一個星期一連四天，她都為我的事情「出勤」。每次離去前，以及在 *LINE* 裡面，都會跟她說「感恩妳的溫馨接送情」。不過，她都會回我說，我把你們當成家人，所以無須把謝謝掛在口中。

這一切的一切都是美好的，唯一有個小小的美中不足，就是燕華開的是百萬名車，每每不論是混障的演出，或是我的活動，當旁人看到是高檔的車子出現在眼前時，很少人會相信，又出車、又開車又兼顧抱我上下車，她只是我的志工，很多人會相信，混障是個有錢的團體。哈哈！

有時候，會覺得自己何德何能，能夠得到一些人的厚愛；有時候，意會到可能是自己一直在努力做一些好的事，對的事，慢慢的自己就變得有德有能，這些就當作是老天的獎賞吧！

最後，還是要不可免俗地說一句，千言萬語化作一句感恩。燕華，謝謝妳。

///

當幸福來敲門

清晨時分，老婆都是騎腳踏車送女兒去上學，為了讓女兒多睡一會兒，所以時間卡的有點緊，從家裡到學校必須在十分之鐘內完成，否則就會遲到。有時候女兒動作慢一點、拖一點，或是在路上的紅燈遇到多一點，這趟路程就會變得有點緊張、有點驚險，再加上老婆急躁的個性……。

多年前，老婆曾經騎腳踏車摔車，那時候就建議她不要再騎腳踏車了，寧願多花一點錢搭計程車，安全才是最重要，回家唯一的路。更多年以前，老婆的妹妹淑靜，就是因為放學騎摩托車接女兒回家的路上，發生了車禍，命喪輪下。這件事成為岳母心中難以撫平永遠的痛，每每想起或提及就會讓她老人家淚流不止。

然而「節儉持家」已成為老婆牢不可破的習性，搭計程車這樣的替代方案，她怎麼可能聽得進去。我甚至在報紙副刊投稿，還放在我的著作中，以昭告天下，題目叫做「老婆，別再騎腳踏車了」，但似乎產生不了任何遏阻的作用。

老婆的回答就是，騎腳踏車比較方便，她會小心的。

實不相瞞，有一段時日，我是為她擔心的，後來想想，擔心只是徒增煩惱，於事無補，所以就慢慢地將擔心改成祝福了。

不論在睡夢中，或是已經清醒，每當聽到老婆推開家門的一剎那，我就知道，這一天又「平安」的降臨了；每當聽到開啟家門的鑰匙聲，這就是幸福來敲門的聲音。常常有人將爸爸形容為家庭的「守護神」，其實我們家真正的守護神是老天爺，因為祂將無常關在門外，而讓幸福來敲門。

腳印

///

花蓮一日來回的一天裡，最有感覺的，不是坐了五個多小時，一覽沿途好山好水美麗的風景，彷彿進行了一趟火車之旅；不是在花蓮文化局舉辦「國家青年菁英領袖露營」活動中，瞥見這些大專生在聽完我們演講後拭淚的畫面；不是只為了一個小時的演講，卻花了五個多小時車程，不計成本地只為了能夠帶給這些國家未來主人翁正能量，這是一種付出的快樂。

人的想法，真是難以捉模，萬萬料想不到的是，回到台北時，在進屋的一剎那，窗外瞬間下起了傾盆大雨，讓我躲過了大雨，要不然就會被淋成落湯雞，又多了一個「溼人」的頭銜了。按說這是最微不足道，甚至說起來有些靠運氣的事情，為什麼反而讓我最有感覺。

這讓我想起了一個小故事，故事的大概內容是說，有一個旅人在行走沙漠時，老天爺承諾要照顧他，陪著他一起行走，所以在沙漠中出現了兩雙腳印，一個是旅人的，一個是老天的。

走著走著，旅人越走越累，精疲力盡，幾乎已經要放棄走下去了。這時候，他看見沙漠上的腳印，怎麼只變成一雙了。儘管最後他還是靠著意志力走完了全程，他沾沾自喜地想，沒有老天爺，我一個人還是可以完成。不過，他對於老天爺十分地不悅、不諒解，怎麼可以說話不算話呢？

於是他對著天空大喊，老天爺啊！祢不是要幫助我走完沙漠嗎？為什麼在我最困苦艱難，動彈不得的時候，祢反而撒手不管了。這時候，老天爺對旅人回話了，你為什麼覺得我離你遠去，沒有管你了呢？旅人說，否則沙漠上為什麼只剩下一雙我的腳印，而你的腳印不見了？

老天爺說，那雙腳印不是你的，而是我的。旅人急促不解地問，那我的腳印呢？老天爺說，那時候，你已經完全沒有氣力了，是我抱著你走完了沙漠。

有句話說，人在做，天在看。或許有時候我會擔心，老天爺忙得沒有時間看管而捨棄我，但從這件事證明，原來，這一路上，祂都一直看著我，照顧我，用各種不同方法巧妙的協助我，哪怕大部分人最不看好的「殘障」。否則，不可能讓我一路順利平安，不可能分秒不差的躲過這一場大雨。

所謂：謀事在人，成事在天。人是渺小的，天是偉大的，如果我在人生當中交出了一張不錯的成績單，不盡然全是我的功勞，而是老天爺助我一臂之力，在人世間派來了許多菩薩天使，在不同的時日時空陪我走上一段。為一切獻上感恩。

///

銅板

我的人生宛如一個銅板。

銅板的一面，是因為殘障帶來的自暴自棄，最後屢屢讓人選擇輕生，結束生命；銅板的另一面，是因為殘障所帶來的歷練，讓自己變得自立自強，不但活著，而且精彩地活著。

殘障，也像一個銅板。一面是壓力，另外一面是助力，就看個人怎麼去面對它。當你認定它是壓力時，它就會像毒蛇猛獸一樣，步步逼近，讓你喘不過氣來；當你覺得它是助力，它就會成為「苦難常常是祝福的化妝師」，為你帶來繼續向前的力量。

用這個比喻好了，會讓人更心領神會。它就彷彿一顆大石頭，當你放在頭上的時候，就會變成一顆壓頂石，當你放在腳下的時候，就會變成一顆墊腳石，所以放在哪裡，就像你如何面對壓力一樣，結果完全不一樣，存乎一念之間。

觀念，也像是一個銅板。一面是悲觀，另一面是樂觀，悲觀的人是看到機會背面的困難，樂觀的人是看到困難背後的機會。樂觀與悲觀雖只是一念之間，但卻是天壤之別，悲觀會形成一個惡性循環，讓人容易跌入失敗的萬丈深淵，樂觀會轉換一個良性循環，往往會與成功有約。難怪愛因斯坦會說：「思想產生的力量，遠比武器還來的大。」

在成長的過程中，不斷的丟擲著這一個銅板，就這樣，自立自強與自暴自棄，壓力與助力，悲觀與樂觀，不斷的在眼前出現、消失、消失、出現……。

有一天，當我又試著將這一個銅板，往上一拋，看著它墜落手掌心的剎那，然後用另外一隻手掌掩蓋住，心想，不知道這一次會出現那一面。當緩緩地將手掌移開後，發覺怎麼會是空空如也的一面，我趕緊翻看另外一面，也是空空如也的一面。

咦？怎麼會這樣呢？我反覆的思索，尋尋又覓覓，後來終於找到答案了，原來一切都是幻覺，只是經年累月下來，在我的努力、勤奮、堅持之下，銅板已不知不覺地幻化成心板了。

///

廣結善緣

只想當個純粹的聽眾，想不到竟然被叫上台去。

林育夙，暑假過後就要讀國中三年級了。他一生下來就沒有雙臂，所以在經年累月辛苦地訓練下，他的雙腳被訓練成具備雙手的功能，更貼切地說，他的雙腳具有手和腳的能力，除了可以行走外，還可以吃飯、畫畫、游泳，甚至擦屁股。

去年混障綜藝團前往澎湖演出，在澎湖海洋公民基金會董事長胡昭安的安排下，和林育夙結緣。記得育夙的媽媽，像橡皮糖般地一直黏在我身旁，她並非我的粉絲，完全衝著向我「取經」，她十分擔心孩子長大後，會找不到工作，會沒有人願意嫁給他。

其實還多虧了育夙媽媽，由於從未棄之不顧捨放他，反而鍥而不捨地培植他，所以育夙才能成為在澎湖頗有知名度的小畫家，並榮獲周大觀文教基金會熱愛生命獎章。媽媽是背後不可或缺的重要的推手。

暑假的某一天，接到育夙媽媽的電話，告訴我他們從澎湖來台北，除了就醫外，還告訴我當天下午將在板橋演講的訊息，事出臨時，但我還是硬是撥冗去參加，只為給孩子加油打氣。到了會場了之後才知道，這是一個我從未聽聞的宗教團體「全真白陽道」邀請的。什麼宗教對我都沒差，我只是來當個觀眾，好久沒在台下當個觀眾了，也樂於想嘗嘗當觀眾的滋味。豈料，主事者跑過來跟我說，育夙母子講完後，可否請我上台跟會眾講講話。怎麼又一個臨時。

臨時中的臨時，但這哪叫講講話，根本就是短講（三十分鐘），或說演講也不為過，因為在扶輪社的演講，就是這樣的時間。我並未為難，欣然答應了，因為告訴自己，一切都是好因緣，一切都是廣結善緣。

當晚，竟接獲主事者的來電，表示會眾中，有人想邀請我去他的學校演講，是否可以將手機號碼給對方。心想，這不就是「廣結善緣」這棵樹，所結的果子嗎？

///

學無止盡

暑假期間，陪著女兒一起上英語會話課，也一起跟著她背英文單字。自己十分清楚，要讓英文有所進步，除了多聽多講之外，多背英文單字也是不可或缺的，否則，根本聽不懂別人在說什麼，輪到自己要講的時候，能夠使用的詞彙很少，往往詞不達意。

在背誦英文單字的時候，發現了一個問題，以前在當學生的時代，為什麼一個英文單字，這麼快又這麼容易就背起來了，所以我的英文成績一向不錯。但現在怎麼背得這麼辛苦，這麼吃力，而且背完沒多久又忘記了，必須一直背拼命得背，才能夠記得住。

這使我想起古人說過的一句話，「三十不學藝」，也就是年過三十歲之後，學習力變差了。所以古書裡又提到一句話來佐證，「時過然後學，則勤苦而難成」。到底這是實踐的總結，還是懶人的藉口？

我選擇相信後者。

學習絕對有所謂的「黃金時間」，這一段時間的學習，會是「最佳效果」，好好把握、善加利用的人，勢必會比別人搶得先機。然而過了黃金時間，就不需要學習或停止學習了嗎？答案當然是否定的。

不可諱言地，人的年齡越來越大，記憶力相對的變差了，學習效果相對降低了。不過，我以為人腦是越用越聰明，學習力就是生命力，用一句不是很好的俗語，「人老奸，馬老滑」，或是「薑是老的辣」，這些都在在地說明透過學習之後，人越老會越睿智，會愈懂得通權達變。

不過，一個有趣的體會，學生時代的學習，或許是義務教育，或許是被要求的，反而不好好珍惜，難以創造「最佳效果」，等到從學生的角色變為社會人士，才覺察學習的重要性，這時候所衍生的動力和學習，雖然有些艱辛，但往往創造出來的績效，是令人能驚喜的。這就是主動和被動，所締造出來的天壤之別。

人的一生，就是一條學習的路，學習可以讓每個細胞活化，學習可以讓青春永駐，學習可以讓靈魂不老。儘管我不是醫生，但相信學習可以預防和減緩失智症的發生。

This is a book，*this is not a book*……學習這條路，我會一直走下去的。

///

錄影側寫

這一次演講，陳榮福改用面罩式呼吸器，據說這樣可以講久一點再吸吐氣。透過麥克風，他一吸一吐的聲音更強烈明顯，如此的現場音效，弄得我覺得自己都快喘不過氣來了。

行動靠電動輪椅，外出必須戴氧氣筒，嘴巴含著呼吸器，如此重度障礙者，他的夢想竟然是環遊世界。六十歲那年，他終於跨出了第一步，搭飛機出國，在香港插上他的第一面圓夢旗。殊不知，在出國前，他做了許多的努力，包括電輪、氧氣筒、呼吸器等，是否可以帶上飛機。還包括我第一次聽聞的抽動脈血檢查，以確定其含氧度，是否適合高空飛行。如此大大小小繁瑣的事情，以及需要不斷地和航空公司說明和溝通，才能坐上飛機。一般人可能早已打退堂鼓放棄了。

當飛機飛抵香港上空，準備降落時，榮福透過窗戶，俯瞰香港全景。剎那間，覺得自己的視野擴大了，生命的版圖延伸了，整個世界都是屬於他的。他激動地落淚了。

演講時，他也激動地落淚了。

回顧過往，克服障礙，走到現在。每一位身障朋友，在訴說自己的故事時，一幕幕情景，一件件情事，想要ㄍ一ㄥ住不掉淚也難。

大愛電視台不久後，將推出新節目「圓夢心舞台」，藉由每一位身障者以演講來分享他們的生命故事，並搭配才藝的表演，相信精彩可期。

原來，生命就在一吸一吐之間，珍惜與捨棄之間，榮福做了最好的詮釋。

///

翻開二三粉絲頁

拍了《人生逆轉勝》這部戲後，才知道「粉絲」是怎麼回事。

陳燕華，先認識她的車，才認識她的人。她開的是一部類似日本的「福祉車」，也就是其中有一個座椅，是可以從車裡電動移位到車外，這部車是為了送她婆婆去醫院做復健才買的，一送就展開了十多年如一日的溫馨接送情，我是她第二個溫馨接送情的人。

那次去三峽園區演講，主辦單位特別派她接送，就是因為她有一部特別的車子，適合行動不方便的人乘坐。在此之前，她就先來大愛電視台聆聽我的演講，之後，知道我要去她所屬的聯絡處演講，就期待能夠由她來回接送。果不其然，應驗了慈濟人的那句話「有願就有力」，主辦單位真的就指派了這個任務給她。

之後，她就展開了溫馨接送情，從當我的志工，到成為混障綜藝團的志工，帶著我們全省各地奔走演出和演講，最遠足跡到達南投縣偏鄉的紅葉國小，那是一次難忘的回憶。

她的靈魂似乎被多愁善感捆綁住，臉上極少出現笑容，或許源自於從小到大的遭遇和挫折吧！每當不順遂不如意之際，她唯一的處理方法就是「哭」。後來我給了她戲裡的一句話，彷彿定住僵屍無法動彈的符，叫做「笑比哭好」，每當她在落淚難過時，我就告訴她笑比哭好，這句話還挺管用的，多少能夠抒解一些她的情緒。

互動的機會多了，我們的關係也出現了三級跳，從粉絲、志工到朋友，不過，她頗能扮演「三位一體」的角色。十分感謝她的溫馨接送情，為我不便的雙腳帶來了便利。

辜明郎，靜靜的，很少話，帶著一些靦腆，一位職業計程車司機，警察廣播電台的忠實聽眾。很早以前他就聽過我在警廣的節目，因著這部戲，才從隱性的粉絲變成顯性的粉絲，常常會放著生意不做，而走入我的演講和混障綜藝團的演出。

我盡可能地減少找他的機會，除非燕華有事不行，或是訂不到復康巴士，才會麻煩他接送。不過，不管是長程或短程，他都固定價只收一百元的車資，我覺得不好意思，在幾次互推之下，才接受了他的心意。

他是繼燕華之後，我的第二雙腳。謝謝他。

黃英芳，他比辜明郎更安靜更少話，如果說明郎是靦腆的話，那麼稱他為害羞，一點也不為過。不論我的演講或是混障的演出，他總是觀眾之中最安靜的一個，安靜到幾乎忘了他的存在。

慢慢的，真的是慢慢的，我才發覺有他這個人。好奇的問他，我的演講和混障的演出，他至少參加了十次以上，大同小異的內容，難道聽不膩、看不膩嗎？我甚至打趣地問他，還是他在玩「集點」遊戲，每來一次，就記一點，集十點，就可以換我帥帥的寫真集，不想要寫真集的話，可以折換現金。

這時，他才道出了一段不為人知的事情，原來他是中度憂鬱症的患者，每次來聽演講或看演出，都會帶給他一些正能量，讓他的想法比較樂觀，心情比較愉悅，這就是為什麼會樂此不疲屢屢出現的原因了。如今的他，臉上漸漸多了笑容，並且養成了一個習慣，每天都會在我的臉書留言，寫下一些激勵自己，也鼓勵別人的話。

這是在我許多粉絲當中，其中的三個粉絲，謝謝他們願意讓他們的故事，寫在書裡，和大家分享。謝謝他們，不是看外表，而是著重內在，展開一場與眾不同的追星。

原來身障朋友，也可以成為偶像，擁有粉絲，而不是只有藝人、名人專美於前。與其說這些粉絲們謝謝我，不如說我要感恩這些粉絲，謝謝你們的鼓勵和支持，還有協助，讓我也能嚐嚐當偶像是什麼樣的滋味。哈哈。

不過，就像我時時提醒自己的，我追求的不是名利，而是影響力，期許自己能夠帶給大家的，是一個能夠散發正能量的人，一個言行合一的榜樣。讓我們一起學習，一起加油。

簽名

///

我讓老婆猜一下，在所有中文字當中，我寫過最多的是哪兩個字。她反問我，有統計過嗎？我表示，雖然沒有統計過，但絕對是那兩個字。她猜了幾個字，都沒猜對。於是我公佈了答案，就是我的名字「劉銘」。

那天晚上，我在桌前為一個購買我《人生逆轉勝》DVD和《坐看雲起》一書的團體，一本一本簽上自己的名字，由於數量很多，簽了差不多快一個鐘頭，因此才想到問老婆這個問題。

可不是這樣嗎？從小到大，每一次考試、每一次填寫資料、每一次簽領勞報單等，不都要寫一次自己的名字嗎？尤其出書之後，寫名字的機會就更多了。從新書發表會開始，到每一次演講和混障綜藝團演出後的簽書會，不知道要寫上多少次自己的名字。

印象最深刻的就是，去年七月，在台南靜思堂舉辦的《人生逆轉勝》相見歡活動。靜思堂可以容納一千二百多人，然而那次不但座無虛席，還多出了四百多人，也就是共有一千六百多位觀眾，擠爆了全場。活動後的簽書會，大排長龍，簽名簽到手痠，簽到我不得不更改高鐵班次，希望讓每一個等候的人都能夠簽到名，都不會悵然失望的離去。

每一次在書上的簽名，不僅是一種誠摯心意，也是一種感謝，感謝大家願意請購我的書，當然更希望買回去的書，能夠讀完它，而不是束諸高閣。

像我成為寫書的作者之前，就開始了閱讀，閱讀可以使人靈魂甦醒，帶來力量；閱讀如同室內的窗戶，可以看見陽光，帶來光明。有一首和閱讀有關的打油詩，是這麼寫著：「一日不讀書，沒人看得出；一週不讀書，說話會爆粗；一月不讀書，智商輸給豬。」當然，閱讀也可以鍛鍊文筆，若想成為可以簽名的作者之前，閱讀似乎是必經的途徑。

簽了這麼多的名字，我還是最喜歡在女兒學校聯絡簿上，寫下自己的名字。

///

第三部

看看日常　明星的日子

李淑楨

女兒

不吃糖果

那天，在一場父母成長班的演講中，我特別丟了兩個關鍵行動，給台下願意付出時間讓自己成長、讓孩子快樂的爸爸媽媽，這兩個關鍵行動就是「榜樣」與「陪伴」。

當然，兩個小時的演講，是不可能在一篇文章中說的清楚的，其中，所有的爸爸媽媽對於「不看電視」和「不吃糖果」這兩個習慣，都覺得相當不可思議。雖然大家嘴上沒有說，可是，從臉上的表情，看得出來大家覺得，在現在這樣的生活型態中，怎麼可能。

但是我想說的是，習慣是可以被創造出來的。

我們家的電視，只要小妹在，充其量它就只是個裝飾品。與電視互動的過程，時間消逝得很快，很多家長會善用，因為能夠獲得得短暫的喘息。但是不能忽視的，看電視的時候，受眾都是站在接受者的位置，完全沒有主動思考的空間，所以，當看電視成為習慣之後，孩子會失去「思考」的能力。這個損失太大了，人類之所以與眾不同，是因為思考，所有與人類相關的一切，社會與文化的形成、藝術與語言、經濟與政治……，總之，就是所有的一切，都是源自於人類的思考。如果因為短暫的喘息而讓孩子喪失了這樣的能力，那實在是怎麼算都划不來。

當然，有的家庭，可能只是開著電視，有個背景聲音，也不是真的認真的看。但是，這樣的狀態，不管是大人還是小孩，都容易受到影音快速變化的干擾，而無法專注在一件事情上。所以關起電視的時候，我會用音樂替代，各種類型的音樂，充滿家裡的每個空間。沒有了電視的時不時誘惑，大人可以專注的陪伴孩子，孩子可以有無限的空間去探索這個世界。真的想喘息的時候，就等孩子睡著，再恢復電視的功能。

這樣長時間的累積下來，現在就算小妹獨自在家，看電視也從來不是她的選項。我也不用花很多的力氣和方法，去監控去限制她對於電視的依賴。甚至，許多的老師都曾經驚訝於她在課堂上的專注度以及對於自我追求發展的思考能力。很多家長會問，「她不會說同學都可以看，為什麼她不能嗎？」，這是一個有趣的問題，基本上，她目前成長的歲月中，看電視，從來就不存在，怎麼可能會在她的比較清單中，她想都不會想到啊！你們可能不會相信，最近她在研讀六法全書，也思考著是不是要開始為留學的英文考試而準備了。這都不是我們的要求，都源自於她對於自己未來的規劃。這絕對不是一個習慣電視的孩子會有的思維能力。我感覺欣慰，只希望她讀六法全書，不是為了告我不讓她看電視。哈！

而為了怕小妹蛀牙，也不希望甜食影響身體的發育與情緒，從她出生後，我們家就沒有「糖果」這樣東西。這件事在家裡很容易控制，不過外出的場合，親朋好友的疼愛之下，遞上糖果的那一刻，父母能否堅持說出「她不能吃糖果喔！」，就得看父母的原則有多硬了。

若是遇到願意付出尊重的親友，微笑一下，贊同的回應「嗯，這樣很好。」，哇！那真是太幸福！若是遇到非常熱情，想要給你育兒建議的親友，心裏不認同其實還是小事。比較尷尬的狀況是，會與你爭辯，「這樣的童年有甚麼意義！這樣是剝奪孩子的快樂啊！」，每當我遇到這類的情形，我只會回應堅持的微笑，通常還是可以達到不讓糖果入口的目的。其實，也不能怪熱情爭辯的親友，因為通常大家最感困難的，不是剝奪孩子的快樂，而是放棄大人的愉悅！因為，要孩子做到，大人不成榜樣，是不可能做到的！遇到這樣深感痛苦的大人詢問的問題，我都會回答「為了孩子，就一起努力啊！」。愛是行動，不是口號，我一直這麼認為。

我們在小妹身邊的時候，再怎麼遇到意見不同的親友，也終於還是可以設下防線。但是，到了幼稚園入學的年紀，一定會有同學或是家長遞上糖果，沒有父母在身邊的這時候，真正的創造才能顯現出來。沒讓我失望的，她會很認真、很理所當然的，對著那顆糖果說：「我不吃糖果！」。沒錯，你沒有看錯，兩三歲的年紀，她可以斬釘截鐵地說：「我不吃糖果！」。說真的，受到打擊的，通常都是拿著糖果的大人！

創造一個習慣，真的不困難，就是在時間的累積中不斷堅持而已。怎麼行動，源自於有多少願意給出去的愛，不如把藉口當成糖果，從今天開始，沒有藉口也不吃糖果！

///

我心目中的女兒

懷孕的初期，我滿心希望肚子裡的小生物，會是個小男孩。因為我私心的想，我的人生尚有很多未完成的夢想，那將會花費我非常多的精神與時間，如果是個男孩，父親便可以承擔較多陪伴的角色，打球啦！運動啦！耍白痴啦！一起受傷啦之類的。而且男孩會需要父母擔心的事，都偏外顯性的，例如：打架受傷啊！跟父親爭執啊！看球賽和對方球迷口角啊！交太多女朋友被呼巴掌啊！衣服堆成一坨，很臭啊！大多是這樣傻傻的事，短時間內應該可以找到調整的方法。不像女孩子，要擔心的可多了，而且，大多屬於內隱性的，不是短時間內可以舒緩的。我這樣謹慎衡量之後，衷心盼望會是個男孩。

於是，老天爺在透視了我的深度心機之後，決定完全顛覆我的完美計畫，賜給了我一個沒有雞雞的兒子。哈！知道我有多不甘願了吧！

這個沒有雞雞的兒子，倒也沒有太讓人失望。從小便展現驚人的運動細胞，可以在四個多月剛會坐的時候，就從家裡的皮沙發椅背上，一躍而下，在短暫的空中進行轉體三百六十度，然後以穩定的坐姿落坐在沙發上，這樣完美的表現，得到了阿嬤滿分十分的尖叫聲，但是選手的臉上卻露出成就十足的笑容。六個多月開始在父親的訓練下接觸游泳，從岸邊聽從指令毫不猶豫地跳入水中，即便滅頂將近五秒的時間，被撈起來時，還是一臉過癮的臉。人家是不知有世間愁，她是不知泳池有踩的到底的設計，小學二、三年級，就穿著水母衣踢著蛙鞋在海中追逐熱帶魚。因應她這樣優異的表現，我倒也是配合到底，中性打扮，自在放養，現在看看她小時候的照片，大致上分兩類，一類是*polo*衫配牛仔褲，流氓般的站姿，十足帥氣型男。一類是坦胸露背，海灘短褲，奔馳在藍天綠地之下，就是個陽光美少男。

當然，男生也是會偶爾喜歡接觸可愛動物，這我可以接受。記得有一次，二歲多的她，在父親加班的假日，商量著要去木柵動物園，這麼瘦弱的我，當然是立下鐵律：要去可以，完全要自己走，沒有討抱抱這件事。我沒有想到，沒有雞雞竟也這麼乾脆，一口答應。一言既出，駟馬難追，我當然是認命地開著車前往動物園，好啦，我也不是這麼沒有人性，早就做了遲早要抱的心理準備，只是她大爺，真的一聲要求都沒有，乖乖地走完全部的行程，還包容了我找不到長頸鹿的窘境。這樣的男子氣概，已經不是有沒有雞雞的問題了。至此，我開始認真的思考，她到底是怎麼回事！

事情真的發生了，幼稚園中班，老師在聯絡簿上寫著，她和班上的男生會起手動腳，希望父母多多注意。哎呀！自己瘋狂事小，傷害到別人那是萬萬不可。於是，反常的隔天早上上學前，我撈出了唯一一件澎澎裙幫她換上。她露出了狐疑的表情，問我為什麼今天要穿這個。我用超級假掰的語氣跟她說：「因為妳是可愛的女生啊！」這句話說了我自己都心虛，但是我演得很好，應該可以得獎。她似懂非懂，用一貫接受我所有擺佈的態度面對那件裙子。

到了學校，才到校門口，劇情就展開了。他們班的兩位女生，一位在啜泣，一位在旁邊安慰。安慰的那位女孩，看到了我的她，就像看到救世主一樣飛奔而上，訴說著啜泣的女生怎麼被臭男生欺負，那說的，就像是戲劇中一定會有的女配角一樣，生動揮灑。她，這個沒有雞雞（好了，這已經不是重點！），反正就是她，銳利的眼神掃瞄了一圈學校的小操場，鎖定了兇嫌，竟放開了我的手，用賭神的步伐向他走去。這時候，我看見隱形的披風好像在飛揚，緊握的拳頭，宣示著她的義憤填膺。我望著她的背影，其實有點出神，因為實在太帥氣，直到我看見那件藍色的澎澎裙，正在嘀咕造型怎麼這樣不搭，我才醒了過來，急忙出聲叫住她。

「*Joe*！不可以！」

她停下腳步，回頭看了我一眼，然後再凶狠的回頭瞪著兇嫌，兇嫌又高又壯，一餐要吃三碗白飯的那種，連我都不見得有把握贏得了他。她的眼神就在我以及兇嫌之間流轉，順從以及正義之間掙扎，最後，深深的嘆了一口氣之後，帶著她的澎澎裙，好像那是一隻新養的寵物，無奈地緩步進去教室。旁邊等著看熱鬧的男男女女，也一起齊聲嘆息。

唉……，我嘆在心裡的聲音，像是個巨大的鑼響。我低頭離開幼稚園，默默地對自己說：還不願意面對現實嗎？她不是沒有雞雞的男生，她是獨一無二的女兒。

她會在我沮喪失意的時候，讓我躺在她的腿上，任憑鼻涕狂流在她的腿上，仍舊輕拍我的背，告訴我：好了，下次不要再這樣就好。她會在我撿菜撿到一半，遇到菜蟲仇人，驚聲尖叫的時候，放下手上的事情，過來廚房幫我處理，陪著我情緒恢復才繼續回頭去完成她自己的事。她會在我焦慮煩躁，極度不安的工作時刻，傳個訊息，說媽咪加油！當然，她也仍舊會三不五時，在學校闖下一點需要我去解決溝通的事，例如：把同學當成鴨，硬塞進圍牆間的縫隙，當作是烤鴨大餐；或是讓嬌小的男生哭，因為紅綠燈遊戲裡面，男生都抓不到她，只能一直跑。

我心目中，一直有一位兒子的樣子，卻沒有一個女兒應該有的樣子。但是，我現在發現，我的生命裡，一直存在一個豐富的生命夥伴。有一位一直深刻陪伴著我，總是說真話的好朋友，還有一位會教導我人生最寶貴價值，愛的老師，更有一位不管我怎麼嚴厲要求，都願意相信我是真心愛著她的家人，最重要的是，不管我們各自在生命的旅程中遇到什麼樣的困難，只要一個緊緊的擁抱，一個輕輕的吻，什麼都不重要了……什麼也都會好轉……我擁有的，就是這樣一位女兒。

女兒，女兒啊……。

///

奇怪的女兒

我有一個很奇怪的女兒，這是真的，她真的很奇怪，不是故意這樣形容。記得懷孕的過程，我沒有什麼不舒服，每天扛著她，照樣去游泳去下午茶去跳舞。懷孕第三十八週第一天，我就跟她說：妳現在很大了，不要待太久，媽媽會不舒服，可以出來了。沒想到第三天，她就乖乖地出來了，而且在待產室，醫生還開玩笑的說，讓我慢慢痛，他準備要去燒水泡茶慢慢等。結果，水還沒開，產房的手術椅還沒躺熱，她已經落地。這不奇怪嗎？我的個子那麼小，又是頭一胎，這樣的生產過程，完全跌破眾人眼鏡，我認為，這絕對不是我多幸運，絕對是她很奇怪。

月子滿月，她滿月，我就開始拍戲，一直到幼稚園大班，工作沒有停下來過。她從來不曾因為我不在而哭鬧，卻也不會因為和我相處的時間少而和我疏遠，只要是我在的夜晚，她喜歡牽著我的手睡著。有時候半夜醒來，我甚至發現，是她小小的手臂摟著我在睡覺，這不奇怪嗎？

我記得有一次，她發燒，我獨自帶她去看醫生，看完醫生之後，我一隻手抱著她，一隻手撐著雨傘抵擋雨絲落在發燒的小小的身體上。走著走著我實在是撐不住，在大十字路口等待紅綠燈時，我將她放下，讓她站在路口石墩上，也許是感覺到我沒有力氣，為了表達愛意的她，才一歲左右的她，居然雙手捧著我的臉，輕輕的親我的額頭，親我的臉頰，親我的鼻子，親我的嘴唇。你們知道嗎？那樣的時刻，如果在電影裡面，雨滴一定是停在半空中，行人汽機車一定變成*slow motion*，音樂聲響起，鏡頭從遠拉到近，三百六十度環繞著我們，全世界只剩下我和她。不誇張，就是這樣的感覺！這已經不是奇怪可以形容！

還有一件很奇怪的事，我一直想不通。從小，她就是一個不喜歡男生碰的小女生，同年齡的可以，叔叔阿伯完全就是警戒範圍。所以叔叔阿伯看她可愛，想要摸她抱她，那就是不可能的任務了，還會配上怒視的眼神。但是，有但是噢！只要是跟她說，妳不讓我抱，我就要抱媽媽喔！她會毫不猶豫的，投向叔叔阿伯的懷中。這個現象，還曾經在我帶著她去錄製綜藝節目時，謝震武律師親自實驗過，她那個時候才二歲，現場無人不驚訝。這到底是一種什麼樣的心情，自己不喜歡的事，可以為了我去犧牲嗎？還是她覺得我比她更加的虛弱，更需要人保護呢？重點是，她才幾歲啊！要保護我，是不是先練成許淑淨那樣，才比較有效果呢？我實在想不明白她的用意。

唯一，我能夠思考到的，也許是她在我的肚子裡待了那麼長的一段歲月，和我的魂靈完全的結合，完全可以體會我真實的意念，不管那一刻我在現實世界的狀態，是在笑還是在哭，還是說著什麼言不及義的話，或是完全沈默。儘管她那段時間很忙，一下子長肺部，一下子長腦部，但是她的靈與心，是時時刻刻與我在一起的。所以她知道，她的媽媽，其實堅強太久，其實脆弱的跟綠豆糕一樣，其實很想過著跟她一樣，被允許做小孩，被允許玩耍，被呵護疼惜的日子。所以，羊水中的記憶，讓她有了這些奇怪的行為。

我想，我也不是一個太正常的媽媽，配上一個奇怪的女兒，也實在是剛剛好。用奇怪來形容自己的女兒，聽起來有點奇怪，不然就說成是奇異好了。我不是基督徒，但是奇異恩典很好聽，我深深的感謝，神賜我一個如此奇異的女兒，這樣的恩典，滿眶淚水。

///

猜襪子

女兒，應該是全世界最奇特的生物，因為她總是能看透母親的心思，也總是能給允最大的支持力量。那是一種，就算是閨蜜或是另外一半都給不了的情感。

身為公眾人物，其實只要一出門，就必須要時時刻刻乘載著眾人的眼光，有時候，想要誠實的自在，那真的相當不容易。

但是我發現，女兒對上公眾人物，會產生一個獨特的化學作用。我很喜歡拉著女兒逛街，正確一點的說，是我需要女兒陪著我一起逛街，每當一段時間，我覺得我需要發瘋的時候，那真是一種最放縱的享受。

我們會手牽手，用很過分的長寬幅度，亂走亂晃、瘋瘋癲癲的，完全不在意外人的眼光。這對我來說，在台灣，幾乎是不太容易有的機會，通常都是在國外，才會釋放出在國內沒有的瘋狂。可是，和女兒在一起的時候，彷彿我可以是她的同齡同學，甚至可以是比她年紀更小的女生，更可以是令她討厭的調皮男生。有了女兒這個擋箭牌，我可以假裝是因為要陪伴女兒而失態，其實，那就是最真實的我，我超級需要這樣的*moment*。

我們一起出去，最喜歡玩的遊戲是，在一整面牆，陳列的五彩繽紛的襪子裡，或是掛滿整個衣架的圍巾裡，互相猜測彼此最喜歡的一雙襪子、一條圍巾。如果猜不對，互相罵「阿呆」、「白癡」，如果猜對了，那情緒實在是興奮無比。就像孩子玩遊戲一樣的縱然大笑，常常，我都是那個被她制止的人。

我們一起看電影時，感覺到她默默流淚，我會有默契的遞上衛生紙，她也完全不會介意讓我看到她哭泣的樣子。如果默默流淚的是我，她還是會湊過來跟我要衛生紙，哈！兩個人一起擦眼淚，一起擤鼻涕，一起在電影之後，搜尋電影原聲帶，一起討論劇情，一起笑彼此。

和女兒逛街，不只是一種放縱的享受，發瘋的自由空間，我想，對我來說，更有一種，在家門之外，完完全全自由的色彩。

I see your true colors shining through...

就是這樣的感覺吧，*true color...*

///

釣竿

小妹小三開始，我回到演員的工作身份，而小妹必須在放學之後，進去安親班。但是，我不希望教育的思維，因為生活型態的改變而變了樣。所以，我開始進行一項很艱鉅的工程。

這項工程分為兩方面，一方面我開始很努力的和安親班拉鋸，希望安親班在小妹的生命裡，只是一個安全自在的環境，讓她在完成每日課業之後，有一個安排自己生活的短暫空間，不要再多。於是我必須先慈祥的安撫安親班老師，小妹考得好不好，不是他們的責任。同時也嚴厲地拒絕讓小妹書寫，任何學校之外的評量或是考卷，更溝通，不要安親班師長為小妹做任何功課的檢查工作，只要確認有完成功課即可。

這方面的工程，其實持續非常久的時間。也許是長久以來安親班老師得到的經驗，即使最初父母都這樣說，當孩子的成績差強人意時，父母的要求與責難不自覺便會壓迫到當初的共識。然而，隨著時間的堆疊，小妹偶爾的六十幾分，都被我看作是學習的路上天賜的良機，開心的和安親班老師分享時，老師終於能夠明白，我說的都是真的，我不在意成績是真的，我要小妹對自己負責是真的，我要安親班只是另外一個家是真的。

在對安親班工程進行的的同一時間，另一方面，我不斷的提醒小妹，學習不是父母、不是老師的責任，是自己的責任。而每一科會有每一科自己的學習方式，要試著找出來，找到最適合那一科也最適合自己的方式。成績代表的是自己努力與摸索的結果，不用和別人比較。我常常會告訴她，人生有很多事，應該幾乎是絕大部分的事，無法控制。但是學習是，妳用了多少力氣，它就回饋給妳多少樣子的事。

於是，三年級開始，每次期中考期末考之前約一個星期，陪著小妹擬定每一科的複習計劃，只要她說出口已經完成當天的複習計畫，那麼，週末她為自己安排的課外行程，一樣照舊。當她其他的同學都在安親班的考前密集複習班中，不斷地寫著考卷與評量時，她也許正在做手工卡片。這樣的學習方式，伴隨著她，至今已經四年多。

記得有一天，她六年級，接她放學的時候，她問我「媽媽，妳知道我什麼時候期中考嗎？」，我回答「不知道せ！」，她說「就是下個星期。」，我假裝驚訝的說，「是喔！那妳開始複習了嗎？」，她得意的說著「早就開始複習了！」。回家之後，她拿著在學校的做的筆記給我看，上面有條理的、有邏輯的整理，角落還有小標註，第幾章第幾節，方便她自己翻閱。我非常感動，抱著她，稱讚她「寶貝，妳已經在做大學生做的事了，好棒啊！」

當然，也有不總是順利的時候，我其實非常感謝這些時候。有一次，接她放學，她的話語異常少，當我問她怎麼了，她居然沈重地吐了一口氣：「媽，我需要透透氣，我的數學才六十分。」。我立刻大笑，回答她：「寶貝，太好了，這樣妳就知道之前的讀書方法，現在該調整了。人生有太多的分數，不用太在意，調整回來就好。」，所以，後續我當然和她一起討論，錯的題目問題出在哪裡，然後一起找出調整的方向。

這樣的時候，我還會多做一件事，我會瞞著小妹，和安親班的老師對上話，請他們不用過度擔心焦慮，也不要責罰，只要在小妹提出疑問時，協助她解決即可。也會在聯絡簿上和學校老師說明真實的狀況，請老師不用擔心。這樣三百六十度的防護，也才能順利的將教育的理念、學習的成就真正的落實。

人生當中的很多投資，需要很長時間的累積，教育就是其中一樣，雖然無法立即見效，但是卻是最有價值的。有一句話說，給他魚吃，不如教他釣魚。我倒覺得，教育有更深的含義，對於小妹，我希望我教她的，是怎麼從無到有，做出一支釣竿，可以不釣，也可以釣自己喜歡的魚吃。

若能如此，就是我們能給孩子最珍貴最無價的遺產，我是這麼想的。

出走

日本又

五、六個小時之後，又將搭乘飛機去日本參加祭典，沒有孩子般出國前的興奮，也沒有大人般解放的愉悅，我惦惦心裡的標示，標的是成長的重量。

除了機票、飯店這類必須事先預定的庶務之外，沒有再提前安排任何確定的行程，因為心不在此。和以往相較，密密麻麻的行程表，現在多了一份悠然自得。當然有很大的原因，因為那是日本，文字語言稍稍能相通，治安文化讓人安心，所以可以輕鬆。也是因為熟悉了交通方式，怎麼買票、怎麼行動，哪裡有電梯電扶梯了然於心，所以可以愜意。但是我卻深知，實體的影響比不上無形的力量，因為心往前走了，腳步便跟上了。

現在的日本行，代表的是，自我成長的追求。一段時間在生活中的累積，不論是最實際面的金錢，還是排除一切事務的決心，或是將自己放在末端而選擇照顧同行家人，這些是出發那刻的成長證明。每每在飛機上看著遠端的雲朵，回想著上一趟與這一趟中間的種種，總是有深刻的體悟，可以平安健康的行動，那是多麼值得感激。而渴望成長的心、渴望明白生命真義的心，在每次日本行中、接近神中，總是得到無限的滿足。

心的前進，腳步若沒有想辦法跟上，那荒蕪是遲早的。腳步若跟得上，神奇的是，身體年歲的不可逆，抵不過愈來的輕盈。可你說，總是該留下點什麼、會留下點什麼，我說，那每踏一步的累積，都實實在在的堆疊在生命的重量裡，包覆的好好的，沒有人搶得走，甚至，在宇宙中，屬於永久。

///

代官山

若是可以
每次的出國行
我都會讓自己有獨處的時間

有一次 印象中深刻的美麗時光 是在代官山

第一次知道代官山是因為 神野櫻子（大和拜金女的女主角）
她夢想中的家 就在充滿異國風情的這

這個女主角 花了一輩子的時間
在找尋心目中的家
而在找到之前
她佯裝有家的地點
就是代官山

第一次造訪代官山
在二零一四年的二月
那時 身體因為長時間工作累積的疲憊
讓我渴望在短短五天的東京假期中
找到一個可以躲起來的地方
聽說 那裏有一個全世界排行前幾名的書店
我想 這是個不錯的躲藏處

順著山手線 到澀谷站 轉東急東橫線
沒幾站就到了目的地

寬敞的馬路
空氣中微涼的溫度
隱隱的麵包香
行人身上棉織品的顏色 線條與層次交疊
我知道 我設定的旅行節奏 還必須再放慢

緩慢 迷著路

中午時分
我在路邊小店買了外表詭異
卻極度撫慰身心的起士蛋糕和泡芙
繼續像鍋牛一樣慢慢迷路

終於 踏進書店的那一刻
我想尋找廁所
沒想到 我在這家書店留下的第一張照片
就是在廁所外的長廊

光影的角度
隱密感的設計
木頭的氣味
書本紙張的清香
這間廁所　竟可以這樣的讓人流連

記得在電影　跳越時空的情書　中
建築世家的男主角說到
「最美麗的建築　是可以追逐光影的建築」

在這間世界上數一數二最美的書店裡待著
我好像微微懂了這句話的意思

無圍牆的設計
讓走進園區的心情就和走在街道上一樣自在
餐廳　寵物美容　寵物操場　雜貨　親子
還有兩大主體建築包含各個領域的書籍

園區中的建築內外充滿著無數幾何線條交織而成的衝擊
不同的建材反映出不同的溫度
奇怪的是 這些衝擊並不激昂著情緒
反而讓閱讀成為最安全的行動

園區中的每個角落
都充滿著當地人與觀光客
但是 寧靜卻絲毫沒有被破壞
反倒是書店中微微的咖啡香
就像是羊水中媽媽的聲音一樣
那麼的令人安心

我在書海中繞啊繞
試圖讓自己的心和腳步一樣沉澱下來
最終 我選了一個角落和一本世界房子的照片集
和自己一起坐下來

默默的 夕陽斜下
默默的 腦袋淨空
默默的 滴答滴答

在不需要說話的時空中
或是說話不用在乎得體不得體的狀況下
語言竟成了一種寬慰
與交錯的異國人士一個點頭一個微笑
就完全的足夠
這竟然是最讓我放鬆的關鍵

返回地鐵站的路上
我選擇與來時不一樣的小路
沿著小路晃啊晃
路邊的風景（人 綠色植栽 店面）
鮮豔卻又寧靜 是我心底的註解
鮮豔指的是它的異國風情

寧靜卻是它最不可能 卻真實的氛圍

站在連接地鐵站制高點的天橋上
我看到了櫻子小姐戲劇中渴望的家
戲劇的最終 櫻子小姐找到了她一輩子都在找尋的安全感
卻不在代官山
我呢 我問自己在代官山找到甚麼
我想 應該是再次歸零的力氣吧

///

咖啡機情人

因為信仰的關係，每年都固定會前往日本三次，參加在靜岡縣的山上舉行的祭典，從完全搞不清楚身在何方，到現在已經可以自由來去，甚至鄰近的著名觀光區域，也已經大致走過晃過，留下足跡過。這樣的經歷，算算也已經累積了八年左右。

記得最初幾年，跟著教團舉辦的旅行團，參拜完之後，就會安排一些旅遊行程。印象很深刻的是日本的販賣機，什麼都有賣、什麼都不奇怪。平常在台灣頂多吃冰淇淋，很少吃冰棒的我，那個時候，為了了解販賣機賣的冰品，很愛挑戰。

還有一個獨特的販賣機，是我很喜歡挑戰的。日本的咖啡通常屬於深度烘焙，我其實喝不太習慣，每次都會一直忍耐，看到星巴客才覺得得救。但是我會為了挑戰販賣機裡面，各式各樣現煮的咖啡，而投錢買來喝。雖然台灣很早以前也有類似這樣，現煮咖啡的販賣機，那時候同樣的機器，還可以有汽水的選擇。可是，日本的現煮咖啡販賣機，簡直就像是一個小型的咖啡廳，怎麼說呢？你可以選擇冰、熱、咖啡的種類，這就已經二十幾種選項。當你選定目標之後，還可以加碼選擇咖啡和鮮奶的比例、糖量的多寡、咖啡因的含量，咖啡煮好後，拿出來的那一刻，杯蓋還是蓋好的。

我常常會在拿出來的那一個瞬間，覺得旅途的疲憊，被一個體貼的情人安慰了，然後我會深深的嘆一口氣，靜靜的喝完情人為我煮的特製咖啡。難怪，很多好萊塢的電影，會描寫未來的日子，很多人寧願選擇單身，和機器人過生活，也不要費盡心思，和人性拉扯。

日本，這幾年加加總總，應該進出差不多二十五次了，那是個讓人安心無比的磁場。雖然已經不再有當初如初戀般的悸動，可是，那種回去被久違的戀人疼愛的感覺，每次都可以深刻的感受到。

雖然人性的拉扯，持續了幾千年，也沒有答案，但是這些體貼入微的機器，不就是溫柔的人性設計出來的……奇怪啊！奇怪！

///

我

二零一七已時

新年頭，總有著豐沛的新希望充滿腦袋，迎接新年的到來前，清一清腦袋的思緒，是有其必要性的。那天，坐在咖啡廳迎接著二零一七的第一個巳時，外頭的艷陽，身上的短袖，宣示著，這世界的自然環境，只會因為人類物質的發達而越來越不可思議，看著冷清的街道，昨晚跨年的色彩，似乎像底片提早曝光般的，一片空白。

故意挑了個窗邊的位置，想曬一曬二零一七的第一道陽光，看看新的一年，能不能陽氣滿身。街上走動的人並不多，可能新年第一天的力氣，都用在昨晚的跨年了。往來走動的，完全沒有一個人的，都是一組一組，看得出來都是「家人」，為什麼把家人框起來呢？

中年夫妻，想必孩子都跨年不在家，兩個人也不知道煮甚麼吃，乾脆外出覓食，一前一後的面無表情的走著，忘記了當初的許諾，要給對方幸福，忘記了認真看著對方的笑容，是不是因為自己的努力而更加燦爛，忘記了再累都要牽著對方的手。

三十幾歲的女兒帶著年邁老父，一步一步地跟在身邊，沒有甚麼交談，父親想著，是怎麼到的今天？身旁的女兒嫌不嫌我是累贅？女兒想的，我的人生只剩下這些了……這樣的日子，還要多久……忘記了幼時，父親舉起坐在肩頭的翱翔，忘記了擁抱父親大肚時，那份肌膚相親的安全，忘記了擁有父親這個身份，是多麼值得喜悅。

年輕夫妻，帶著約莫小一小二牽著腳踏車的兒子，先生先進入咖啡廳點餐，太太在店外陪著兒子將腳踏車停好，然後依序進入咖啡廳，先生詢問餐點、太太回應餐點的聲音中，不見希望喜悅，卻是滿滿的沈重與壓力。唯一該興奮的小兒子，稚嫩的聲音中，卻充斥著使喚。一位孩子還沒學到感謝的孤獨，一位先生不明白平安來之不易的孤獨，一位太太在犧牲與自我尋找之間失衡的孤獨，雖然狀似一家三口，但是孤獨。

小情侶，顯然昨晚跨完了年，雖然年輕是最大的本錢，但是臉上的妝卻掩不住昨晚的疲態。牽著手、拖著步，朝向今年的期待走，期待廝守、期待熱烈的未來。還不知道，生命的磨練往往比煙火還要更加灌頂。

我大口喝著酸酸甜甜、滿滿百香果果實黑黑橘橘的熱水果茶，看著眼前這一幕幕，這一幕幕現代人粉墨演出的真實人生。這群演員，總是在社群網路上炫耀著自己的幸福，但是在新年的第一天，沒有直播的第一天，臉上沒有一丁點幸福的表情。這群演員，總是謾罵著環境有多麼糟糕，卻忘了最糟糕的心境，是自己創造出來的。這群演員，總是追求著永遠追不上的變化，卻忽略了變化背後永遠不會變，永遠可以掌握在自己手上的真義，是每份關係之間的珍惜。

為什麼把家人框起來呢？因為家人，這樣的詞，總是給我們肆無忌憚的自私與自以為是的理所當然，今天早上的幾對演員，不論是互動、不論是臉上的神韻，極少的笑容極少的溫柔，所以只是名為家人，不是真的家人，應該要框起來強調一下。

最後，在巳時結束之際，我一口乾掉半杯水果茶，想要給二零一七的自己一鼓作氣的力量，盡管這世界在我今早的觀察中，自然環境加上空乏的人心，注定越來越困頓，但是，在我渺小的心世界，我的生命，必須演譯一齣如《傲慢與偏見》般雋永的戲劇，這酸甜才有點意思。

///

冬天裡的一把火

很多人問我，為什麼會踏上拍戲這條路，說實在的，那是四歲的事情。真的要仔細描述，可能需要哆啦A夢的時光機。我哥哥記得的，是跌倒，我爸爸記得的，是冰淇淋，我媽媽記得的，是很多很多小孩。而我唯一記得的，就是兩件事，嚎啕大哭與冬天裡的一把火。

長大後，與當時錄取我的柯一正導演聊到，才把這些拼圖拼起來，還原了整個過程。原來那天，是柯一正導演為了即將開拍的電影，海選劇中需要的童星。目的很清楚，要一個男童星。話說，我們家好像是在坐計程車的過程中，司機大哥是兼差的演藝工作人員，看了我哥哥可愛的模樣，建議我爸爸帶我哥哥去試鏡。於是，那個試鏡的下午，我們一家就和三、四百個孩子，一起在明星夢的這艘船上搖搖擺擺。

導演告訴我，他那時候設計了一段戲劇，要每個試鏡的孩子都去演。這個片段是這樣的，「一個小男孩走在路上，踢到了一個紙箱，所以跌倒，爬起來之後，對著紙箱生氣。」聽說，當第一個小男孩做了這樣的表演之後，我便開始放聲大哭。原因是因為，我覺得跌倒好痛，所以就這麼一路哭到所有的孩子試完。沒有錯，是全部三、四百個孩子試完，我還在哭，重點是人家根本沒有要我試，人家要的男孩，跟我一點關係都沒有。

當所有的孩子都試完離開之後，工作人員開始收拾場地，柯導看著還在哭泣的我，問了我的爸爸，我要不要試試呢？我爸爸還沒開口，我哭得更慘烈。這時候，我爸爸提出了一個交易，只要我去試，等一會兒離開這裡，就買冰淇淋給我吃。關鍵字出現，哭聲的音量鍵調小，這時候是談條件的好時候。我提出要求，我願意試，但是仍舊不要跌倒，這是四歲的我的堅持。旁觀的柯導開口了，「那妳想表演甚麼呢？」聽說我那時候，二話不說，回了導演，「我要唱歌，唱冬天裡的一把火！」

於是，一場包場演出，又跳又唱，還繼續帶著梨花淚的，青蛙王子招牌歌曲，完勝！

說真的，在二十幾年後，第一次聽完導演完整的描述整個試鏡的過程，我好像看到了一個主觀鏡頭，是當年淚眼朦朧的眼睛裡，右手大拇指比著讚的那個焦距（那是冬天裡的一把火當中的招牌舞蹈動作）。歌聲舞蹈中，襯著眼淚中的讚，這不是已經預演了我的人生嗎？

柯一正導演最後的最後，還特別告訴我，為甚麼他會選我。他說，一個四歲的孩子，可以在哭泣那麼長時間的狀態下，一個人站在前面，清楚地又唱又跳，這樣的特質，可不是每個孩子都做得到。聽他說完之後，我不禁紅了眼眶。原來，一路以來的人生道路，這樣的特質，都是支撐我往前走的最大能量。還看不清楚甚麼呢？

只是，哭著哭著，累著累著，偶爾還是需要冰淇淋的撫慰。生活中，我基本上不吃冰的任何東西、任何飲料，但是，冰淇淋例外，因為，那是爸爸的交換條件，是我可以當「女兒」的幸福時分……。

四歲的那個下午，四歲的冬天裡的一把火……。

///

母親的眼淚

我的阿母，很標準又很不標準。

印象中，她不常哭泣，即使面對全身傷痕累累，面對口袋只有幾百元，她也不會哭泣。彷彿知道，哭泣會讓自己封起的軟弱瓦解。如果她瓦解，這個完全倚靠著她維繫的危樓家庭，也會隨之瓦解，雖然這個家庭，完全不在她期許範圍內。

所以，她只是皺著眉，緊緊的皺著眉，思索每一個迎面而來的巨大現實。

長大的過程，比較有印象的眼淚，就是在電視面前，隨著瓊瑤的女主角決定玉石俱焚，或是隨著港劇的母親被迫與孩子分離，她會抽著衛生紙，害羞的在沙發上哭泣。看到她單純無憂為角色傷心的神情，我實在想不通，跟自己的辛苦比起來，這有這麼值得哭泣嗎？

不知道落下的眼淚，為的是劇中情緒還是自己。

記得，大學畢業後開始工作。有一次在住家樓下的小小咖啡廳，我和阿母，以女人對女人的姿態對話，聊著瑣碎、聊著不知所云。其實那個時候，我還不知道怎麼好好和阿母說話。因為三十歲以前的我，聽阿母口中說出來的，幾乎都是壓在她身上分分秒秒的壓力巨石。每當我想把她當阿母，瞎聊生活中的甘甜，她是聽不進去的，我後來才明白，那是因為阿母的腦海中，早已塞滿了怎麼養活我們這樣最基本的事。也許是抗議、也許是發洩，我大學時期，每晚跑去跳舞，阿母的奪命連環 call，彷彿也成了我們記憶中的某一種類型的對話。

所以那天，樓下小咖啡廳，真正面對面坐下來，我突然覺得，我似乎不會好好和阿母說話。一個這麼會說台詞的演員，不會和阿母說話，我自己都不太願意相信。阿母為了養家，做了一輩子辛勤的勞動工作，那天的約會，是因為，我的阿姨在中國大陸經營的事業有聲有色，希望阿母前去幫忙。站在我自以為是的立場，我也希望阿母不要再做勞動的工作，可以好好為自己的未來準備著。我以為阿母這一陣子的猶豫，是因為乍然要阿母轉換生活、工作數十年的環境，阿母會害怕。以前讀書的時候，有學到，長時間在壓力極大的狀態下生活的人，突然要面對壓力強度的改變，是無法適應的。於是，我仍舊自以為是地以為，阿母一定是這樣，突然不用為了我們低頭苦幹，所以跨不出去這一步。

於是，我雖然不會說話，但我會講道理，口沫橫飛地說著壓力轉換的調適，自以為的可以做阿母的老師。突然，怎麼開始的，我也不知道，阿母開始哭泣，半天吐不出一句話。之後，很小聲的說，「我怎麼就這樣過了一輩子」，說完之後，繼續哭泣。說實在的，那場約會，我只記得我忐忑的心情，和阿母的這句話。「我怎麼就這樣過了一輩子」，阿母幾近崩潰的眼淚和這句話，我就像個白癡，一句話都說不出來。不是自詡很會說，在那樣的情境下，我啞口無言。

原來在阿母小學畢業就工作養家的心裡，在成家後，面對家庭，眉頭深鎖的心裡，口袋淺薄的心裡，奪命連環*call*的心裡，渾身傷痕的心裡，藏著對自己身為人的自我實現大願。而這個看不到一點點希望的大願，卻成為讓阿母眼淚崩潰的那一根稻草。我真的就是個白癡，以為阿母就像劇本中的每一個母親一樣，只要兒女長大、成家立業，阿母的願望就完成了。

我的阿母不是那些母親，我會說，阿母是我認真思索自己生命意義的啟蒙者，因為阿母任勞任怨，努力扮演生命各種角色的深處，藏著這句話，這句每個母親應該都藏著的話：

我怎麼就這樣過了一輩子！

我的阿母，很標準又很不標準。我也是，我是阿母的女兒，很標準又很不標準，然而，我很驕傲，是阿母的女兒。

///

我的四十

很多人都說，年紀越大越不喜歡過生日，我倒沒有這樣的感覺。其實，水瓶座的我，從小就沒有過生日的感覺，因為寒假期間，根本不會有夠熱情的同學會幫我慶生。更何況，從小我就不在學校，同學知道有我這個人，就已經算是很重情感了。好了，家人總會記得吧，但是就算家人記得，也被中國農曆年的喜慶大日子壓過，常常都是順便過一過。

反倒是這幾年，信用卡有生日免費看電影的優惠，吃飯壽星打折之類的，那真是一定要善用這樣的優惠，反而記住了生日。而女兒在當天晚上，則是一定要唱首歌、吃塊迷你蛋糕、送我一張卡片，才能滿足她想幫我慶生的心願，因為她非常喜歡看我感動哭泣的樣子，而我也真的一定會不負她望的，哭上一下。

但是最近，有一位朋友問我，快四十了，是甚麼樣的感覺？當下，我並沒有確切的想法。對我來說並不是某個特定的日子，才需要思考怎麼過日子，日子是天天在進行，自己想成為的樣子，也需要時時刻刻地累積。再加上，好像也沒那麼容易，說是決定了怎樣過日子，就可以像翻書一樣翻轉過去。時時刻刻，我都在感覺自己的人生有沒有意義，能不能留下點什麼，此刻的每一個選擇，是不是符合自己希望成為的樣子。今天說的一句話恰當與否，明天安排的行程是否有必要性，未來的計劃，現在的準備，我想我思考的是這一分鐘過怎樣的日子，而不是四十了，該過怎樣的日子。

不可逆的時間跑道，就算不去想、沒有感覺，它確實堅硬的存在。日子是悄然累積而來，身邊並沒有隨時跟著像計時器般、或是地鐵鐘那樣的大鐘面，強烈的敲打著：「滴、滴、滴、噹！」的通知我們時間到了。所以，我其實突然間，沒有想法，也不知道要怎麼回答，四十，是什樣的感覺，該是什麼樣的感覺。

但是這個問題，並沒有停止糾纏我。在離開聚會之後，行車在夜色中的高速公路，這個問題，還真的就像後方車子的車頭燈一般，一次一次的刺著我的視線，像地鐵鐘一樣撞擊著我的腦袋。突然，我的眼前出現了圖書館的畫面，而我穿著輕便舒適的白色長洋裝，走進圖書館，穿梭在高聳並列、縱橫相間的書籍資料中，空氣裡瀰漫著新舊夾雜的紙張味道。偌大的書林中，最後我在檢索系統前站定，畫面停留。我的視線，離不開複雜的檢索系統，霎那間我明白了，原來這是我的答案。

檢索系統，透過分類歸檔，提供使用者在最快速的時間，搜尋出每一個需要解答的最恰當回應。四十，累積了些許的經歷、錯誤、學習、迷惘、悲傷、原諒、歡笑，還有好多好多無價的時光，我希望這些可以成為我未來的人生檢索。在四十之後的日子裡，還會有很多的資料需要歸檔、分類，但是透過這樣的系統，少花點時間在不必要的言語、無謂的酒精、不誠懇地笑、莫名的悲傷、讒害自己的憤怒、沒有意義的比較、糾結以上這些，應該是做得到、值得期待的。

知道了答案之後，我整個腦袋鬆了下來，畫面糊了，高速公路兩旁的車，一台台的越過我，往前奔馳，是否你們都找到了自己的方向，所以可以這麼篤定地往前衝刺呢？這時候，車上的音樂，是悠揚的大提琴聲，那旋律是陽光之下的田野，「送行者」的美好。是啊，送行前，必須得先行。行是重點，行出我想要的人生樣貌，是我的重點，行出我的檢索四十。

///

其實不用過去

也許是因為演講，也許是因為這本書，更多的更真實的，其實就只是因為年紀到了，最近小時候的事，常常在夜深時或是與朋友閒談當中，從腦袋裡跑出來。其實，會不會，它一直都在，只是我用「過去了」去搪塞。

我很喜歡看海，常常會偷個閒，就去海邊聽聽浪潮的聲音，或是欣賞海上的落日餘暉，總是能讓我緩慢的呼吸。每每看到海上的活動者，雖然我完全無法參與，但是似乎能夠同感他們在水上活動時的恣意暢快。光著腳丫踩在沙上時，與天地同在的感受，往往能夠讓我得到力量。但是為什麼我說，我完全沒辦法參與海上活動呢？其實我非常的怕水。

我會游泳，在大學的時候終於學會。高中時，學校有游泳課，學校有一個要求，每一個學生都必須要游過十五公尺才能夠領到畢業證書。說真的，十五公尺，有什麼了不起。長得高的同學，蹬一下踢兩下，隨隨便便就超過，會游泳的同學，根本也沒有把這樣的考試看在眼裡。但偏偏，我就是又不高又不會游泳的那個，每次游泳課都要找藉口不下水，一個月四堂課，生理期最多讓妳用兩次，不然妳是還能流幾天。剩下兩堂課，再冷再怕都得下水。考試，對其他同學輕鬆愜意的，對我來說，就是生死的大事。我可是憋著氣，踢牆踢的超級用力才終於拿到了那張畢業證書。

好，這跟小時候有何關係呢？小時候，大約四、五歲左右，我演一個聽語障的小女孩，她和父母在海邊玩，爸爸媽媽在討論事情，完全沒有注意到她接近了海，因為無法發出聲音呼喊，等到再發現時，她已經在海裡載浮載沉，瀕臨溺斃的狀況。於是，身為童星的我，當然得演出瀕臨溺斃的狀態。我記得，我身邊有安置工作人員，而我的位置，是真的在海中踩不到底的深度，開拍之後，工作人員閃避，我呈現的就是最真實「不會游泳非常緊張」的狀況，我還得克制自己極度害怕的心情，不能叫出聲音，因為我扮演的是一個聽語障的女孩。這樣血淋淋瀕死的感受，總是在我與海水接近時，異常清晰。所以，我記得在我青春年少，和男朋友女朋友去海邊玩的時候，如果有任何過度嬉鬧，讓我吃到水或是沒有安全感的狀態，我的反應往往會憤怒到破壞所有歡愉的氣氛。這樣的怪異成長經歷，一路伴著我到高中畢業。記得升大學的暑假，我打算克服這個不正常恐懼，所以我強迫自己去報名游泳課，終於學會了換氣，成為了一個會游泳的人。從此之後，游泳竟成了我平常會安排的運動之一。但是，一樣僅限於游泳池，海邊游泳，仍舊是無法跨躍的心裏高牆。

我以為，學會游泳就可以讓自己忘記那個不愉快的經驗，以為強迫自己去上游泳課，學會換氣，就像當年強迫自己在導演喊下 *action* 之後，一次一次體驗瀕死完成工作，一切就可以扭轉。果然是青春年少，現在的我，如果可以跟當時大學的我說話，我會很大聲的笑，用最不客氣的語氣說，真是個世界無敵大白痴。一杯白淨淨的麵粉，經過烘焙師的搓揉，已經變成表面有點焦氣的可頌了，妳要怎麼讓她透過再一次的加工，變成沾滿糖粉的甜甜圈？怎麼可能？到底是誰讓妳有這樣幼稚愚蠢的想法？

我想，是一顆想要和大家一樣快樂的心，是想到童年會感覺到快樂的心，過於強烈了，所以變得幼稚愚蠢。

終於，時間的堆疊，總還是可以學習到些什麼。既然已經是可頌，就讓自己做一個稱職的可頌吧！於是，現在到了海邊，我還是可以在淺淺的海域，把自己的雙足深深地挖進沙裡，淺淺的海水，也足夠讓我全身濕透，像隻怕水的小狗，滾得全身都是沙，開懷大笑。

///

妳還是可以快樂，只要願意學會換氣。妳和我一起努力吧！小女孩！

迷路

記得國小五年級，拍攝魯冰花時，每天劇組的九人巴士，都從苗栗市區拉車到山區的明德水庫，單趟的路途都需要一個多小時，常常在還沒到現場的時候，車上的劇組人員，都已經進入昏睡補眠的狀態。

我常常會在這一個多小時的路上，聽著開車叔叔放的卡帶，有時候是王傑、有時候是劉德華。我的爸爸，也總是不睡，一路上像是期待著些甚麼，雀躍的像個孩子。在快抵達拍攝現場的路邊，爸爸會央求司機大哥停下來，搖下窗戶，他會伸出短短胖胖的手臂，採摘路邊野生、紅紅小小的辣椒。

我永遠記得，他將那幾顆朝天椒捧在手心的神情，彷彿那是閃耀的珠寶般，充滿興奮與喜悅。然後，用這幾顆辣椒，做出他的招牌料理，「紅燒魚」、「紅燒牛肉」。是真的非常非常好吃，勝過便當百倍，但是我還是不明白，那幾顆被他捧在手心上的小辣椒，為什麼值得他那樣的珍視。

後來，六年級時，有一天放學回家的我，看見父親窩在房間一角哭泣。他捧著奶奶的糖罐子哭泣，那是身為么子的他，十歲那年跟著六哥逃離家鄉前，他的母親交給他的「信物」。那是一個陶製的，褐鍺色的無蓋圓形扁罐，平常，都好好的、層層包裹的放在衣櫥中，那天，被父親拿了出來捧在手上。平常的父親威嚴無比，那天，哭泣的父親卻像個迷了路的小男孩。

到了晚上，我才知道，原來那天他收到了家書，隔了四十四年的家書。這封信，將斷了聯繫的家人之間那條線，又再牽了起來。但是，卻也得知了他的母親、我的奶奶早在文化大革命時已經離世。所以，他的眼淚劃破了現實。四十四年前的生離，四十四年間的期待，因著那封來自家鄉的書信，正式畫上句點。也許父親想要藉著奶奶的糖罐子，再找回些母親的恩慈。

朝天椒、糖罐子，都不是我的生活中會出現的物品，但是對爸爸而言，那種珍視的眼神，我想在他一輩子迷路的人生中，連他自己都找不出同等重量。我現在好像才能稍稍理解，那樣的眼神，傳達的是一個十歲離家的男孩，對家鄉的思念與渴望。沒有了那個依靠，就像帆船沒有了船艉，找不到人生的方向。

很奇怪，爸爸的一生，充滿了低頻大哄的音量，可是，那個低頭手捧的動作，就像是「沉思的大衛」一樣，沒有聲音，但卻一直在我的腦海裡。爸爸的那個身影，靜止的如同膠片展覽般的充滿震懾的力量。這幾年，有機會扮演更多元的角色，爸爸的切身親歷，讓我明白，真正深刻的情感，有時候會強大到，讓人無法動彈。

我不知道那個迷了一輩子路的小男孩，現在有沒有回到了他心目中的家，我想像著，也許十歲的小男孩曾經提著一包珍貴的白糖，在充滿辣辣麻麻味的家鄉道路上奔跑，媽媽在矮房子的家門口，帶著慈祥的笑容等著迎接這個最晚歸來的兒子。小男孩將那一小包白糖交給媽媽，母子倆一同將白糖倒入糖罐子裡，小男孩專注的看著白糖洩入罐子的弧度，喘著的呼吸中，充滿白糖的甜膩。媽媽拾一小搓糖，捏在小男孩手心，那時刻，是小男孩夢寐的天堂。

///

深深的回憶

偶爾會去錄談話性節目，談的大多是親子之間的趣事。錄影前兩天，製作單位的企編，通常會打電話和來賓確認訪談內容，這就是我最害怕的地方。因為，我不是一個記憶力很好的人，常常在這個確認的過程中，我總是想不出甚麼事件可以談，所以都會耗費企編十分鐘以上的時間。

我是一個很喜歡刪除資料的人，坐在電腦前，常常會檢查一個一個的資料夾，發現已經不用的資料檔案，我就喜歡把它們全部趕進資源回收桶，累積到一個數量之後，很過癮的按下刪除。如果遇上心情不好的時候，清理更衣室，就是我的絕招，拿出一個大袋子，一件一件衣服、一條一條褲子裙子，體檢確認，就像工廠的品管一樣，嚴格的在輸送帶上揀選留用或是丟棄的。通常這樣一個小時，心情就像轉台一樣，大好。

後來漸漸發現，原來這樣的習慣，是因為我不喜歡囤積過多的資訊。也許是演員的職業習慣使然，這怎麼說呢？在一部戲開拍前，通常我會先將整個劇本讀通，然後進行角色的方向確立，勾勒出連續過程中的幾個重要的轉折點，提出每場戲角色裡面的深層概念之後，這才能開始進入實際建立角色的拍攝工作。而細緻的劇本功課，通常我會在前兩晚開始準備。以現今的電視拍攝量來說，一天大約會有七至十頁的劇本量需要完成，所以進入現場工作流程之後，每天腦袋裡，都固定會有十五頁以上的劇本文字在流動。這十五頁，不是只要記住自己的台詞動作就好，基本上是全部的文字，同場的角色、對應的情緒、前後場的連貫因果、互相牽引的元素，這些全部要熟悉並且貫穿，所以，其實是很大量的資料在腦袋中運轉。

所以，在一天的拍攝工作結束後，擠進未來第二天的資料之前，我就會把今天的資料刪除，以此類推來讓自己腦袋中的資訊維持兩天的量。為什麼要這樣做呢？因為預設的條件，通常到了現場，實際的氛圍、硬體的條件、導演對於角色的想法、每個演員的丟戲方式，這些變動非常大的因子，都需要在現場立即的做出調整，有時候，劇組考量到現場的意外，還會調動當天沒有的場次。所以，餘出一些空間，來讓這些到了現場才能夠知道，才能夠應變的元素融合進去，是很重要的。如若不然，資訊一直進沒有出，腦袋應該會爆炸吧！哈！

這樣長時間的工作經驗累積，似乎不知不覺間，在生活中的很多面向，也是用一樣的方式在運作。甚至嚴重到，一起工作四、五個月的劇組人員，久久見到面，我甚至會連不起他們的臉孔與姓名，實在是很糟糕。所以，當節目企編在和我討論一些回憶事件時，那真是讓我頭痛萬分。可是，有一件很奇怪的事，是我一直搞不清楚的。在錄影現場，隨著主持人的引導，隨著其他來賓的分享，總是會有一些在事前壓根沒想到、沒有討論到的回憶跳出來，而在訴說的過程，總是會讓我再次回去當時的情緒。

例如有一次，聊到身為職業婦女，與孩子的相處時間之間的平衡點。現場，我突然想起，在小妹讀三年級之後，我回到演員的角色，回到戲劇工作的領域，每天早出晚歸，小妹在清醒的時候，根本見不到我。那段時間，她甚至會將鬧鐘調到凌晨五點多，起床只為了和我說再見，送我出門，她再回去睡，等到上學時間再起床出門。這樣的回憶，在現場的討論中，就會突然竄出來，而當時的心酸、感動，也會如回憶一般的再次滿溢。

我想，電腦的檔案可以規律的刪除，更衣室裡面的衣服可以有意識的回收，腦袋裡面的劇本可以刻意的遺忘，但是這些屬於人生中，很深很深的回憶，大概會深植靈魂，在七老八十，頭髮斑白的年紀，記不得剛剛吃的是甚麼，也會記得這些美麗的寶藏吧！

///

影片人生

每當看到我小時候拍戲的影片，阿母總是會說，妳真的很好命せ！人家都是用照片記錄人生，妳是用影片記錄人生。其實，阿母第一次這樣說的時候，我根本不能接受。好命？可以說我好運好漂亮好聰明，但是好命，怎麼可能用在我身上？

從小就成為童星的命到底是怎樣？就是六天有五天不在學校，晨起梳妝、日落無休，偶爾回去學校，除了身分上的獨樹一格，同學間的疏離、不認識老師的困窘、在同儕認同時期，頂著個西瓜皮被同學恥笑、被國中同校太妹嗆聲不敢自己走路回家、考試前被留校像個特殊生一樣強力惡補，這都還只是在學校內當下的狀態。俗話說，凡走過必留下痕跡，我倒是真的沒留下甚麼痕跡，不只是畢業紀念冊上面，班級團體照裡面找不到我，反而在旁邊唐突的放了我的獨照，至今，我沒有參加過任何一次的國小國中同學會，對於當時的同班同學來說，我應該就像是個幽靈同學吧，好像在又幾乎忘了她的存在。

童星的職業生涯又該怎麼說呢？我的手肘上、膝蓋上，有許許多多的傷疤，別的孩子是調皮玩耍留下永恆的印記，我是角色中數次不得不的「跌倒」戲碼留下的傷心疤痕。我一直到最近才敢吃地瓜，因為小時候的戲劇中吃多了地瓜稀飯，有一次為了詮釋餓極了飢不擇食，整根生的地瓜要急速吞嚥，導致噁心嘔吐。五歲一次海邊溺水的戲，陰天起風的海邊，雖然現在我活著，但是那對於海的陰影，卻揮之不去。有一次冬日的陽明山，扮演童話故事中天鵝的我，穿著單薄的戲劇服裝，要在導演一聲令下跳入接近零度的山泉水中，劇組擔心孩子們過冷休克，讓我們一人飲一杯58。高粱，飲畢開拍。

現在聽我說來，對於大家來說，應該就像聽故事一般新奇有趣，對於我來說，那跌倒的痛，不是一般的痛，是身為一個孩子可以說不，身為一個童星卻不能說不的痛。那地瓜的噁心感、那溺水的深層恐懼、那高粱下肚的灼熱感與山泉水冷冽刺骨的對比，都強烈到，現在真的都還感覺的到。但是，沒有親自在那樣的年紀經歷這些不合常理、不合邏輯的情境，是怎麼都不可能可以體會的。

所以，我很少談及這些事，甚至連我的父母都沒聽我說過，曾經我很期盼每一段戀情的白馬王子都能夠明白，但後來發現真的是我在天方夜譚啊！就如同我永遠不可能明白少年π在汪洋中漂流的感覺一樣，不可能有人可以明白我的感受。畢竟我只是個孩子，眼淚流下來時，以為只是疼痛，眼淚乾了，就以為我會忘了。誰會知道，這些淚水，隨著時日的前進，堆疊在我心中，成了只有我自己知道的海市蜃樓。

生命需要經歷甚麼，只有它自己知道。所以，我沒有任何怨懟，如果這是我必須經歷的，我願意歡喜接受。這些痛、噁心、恐懼、灼熱、刺痛，我會繼續帶著它們往前走，看看生命領我走進哪一扇門，開哪一扇窗，看到哪一片風景……。

///

複雜的年

過年，在我的生命中，一直是複雜的假期。

幾個熱鬧的除夕印象，是堂哥帶著我們幾個小屁孩去放鞭炮的眷村夜晚。那幼稚園的年紀，跟著年長的堂哥堂姐一起在眷村的堤防，放著水鴛鴦、沖天炮，就是最熱鬧的最瘋狂的年節假期。後來任天堂的問世，便取代了放鞭炮的歡樂時光，一群孩子擠在陰暗狹小的眷村客廳，輪流打著任天堂，是很深刻的印象。

還記得我們一家四口，和六伯伯家一家八口圍坐在木頭大圓桌，但上來的菜色到底是什麼，我已經完全不記得。但是印象很深的是，一定會有一盤滿滿的餃子，說是元寶。再加上黑黑紅的滿桌子我看不懂的菜，幾乎都吃不太習慣，也叫不出名字。那是爸爸跟伯伯對於四川家鄉的懷念，也許是因為有著這一份深沈的思念，所以，幾個眷村的年節記憶，我總是感覺在團圓的喜悅中，有一種隱隱的窒息感。這絕對不是當時我們這些四、五歲的小朋友能夠理解的。

到了初一，全家轉戰台灣最南的城市，恆春。我記得爸爸媽媽總是在國光號直達車（台北西站直達恆春），開賣前的二十四小時就去排隊買票。爸爸媽媽一定會買到最前面的四個座位，那是為了讓十幾個小時的高速公路之旅，能夠坐得舒服，而做的努力。十幾個小時，沒說錯吧？真的沒有說錯，以現在高鐵加上客運如此方便的效率，一定是沒有辦法想像。我記得有幾年我們從台北坐到恆春整整十六個小時，高速公路在當時，就只有一條唯一的中山高，號稱是全台灣最長的停車場。那真的也是過年的一大特色，到恆春的時候，舅舅阿姨表哥表弟表姐表妹們都已經就寢，年也早就跨到了初二。

外公喜歡牽著我去買菜，從外公家到菜市場的十分鐘路程，街坊鄰居都一定會寒暄問候，當然，我的童星身份在這樣的小鎮，可是十足十的大事。這來回的恆春小鎮紅地毯，雖然取代影迷記者的是滿滿的檳榔，但是我可以清楚感覺外公臉上的驕傲，當然也實質的得到外公的寵愛，買的菜，都是我的最愛，和除夕夜的黑黑紅紅，是截然不同的光景。

在外公家連棟三層的院落裡，印象很深的是，我總是會在最裡面的房間，在榻榻米上，透過淺綠色的木製窗戶往外看。我喜歡木頭窗戶在移動的時候，發出來的卡卡唧唧的聲音，也喜歡老舊的榻榻米飄散出來的微弱青草味道，再參雜著一樓中藥行，濃濃的藥材香，這些陳舊的空間、停滯的時間，他們彼此交錯的時刻，是外公的味道，是我最安全的堡壘，因為至少我懂，我懂這份家族之間的團圓，是踏實的。

窗戶外的景色，常常讓我入神。有時候看著天上飛快移動的雲朵，有時候看著隔壁麵攤煮麵的蒸汽飄散，有時候看著街上的鎮民走動，有時候看著對面的三合院院落。那是一戶已經無人居住的三合院，但是那西洋式的建築以及城牆的雕飾，在在顯示那曾經是擁有輝煌歲月的大戶人家。如今只剩下院子中的幾顆椰子樹（還是檳榔樹？）恣意地生長荒蕪，來顯示這個院落的起伏凋零。

眷村中的年，瀰漫著一股不安定感，充斥著悲傷與無奈。與眷村相較，恆春年節的一切、外公家的一切，是紮實安逸快樂安全的。在小學時期，即便不懂大時代浪潮、政治軍事悲歌，也清楚可以從每一吋的細胞中，感受到大人心中的故事。

現在想想，真是不可思議。

複雜的年節，就如同糾結的任天堂線、也像椰子樹的葉子，大片大片的掉落，了無聲息……。

///

還要多久

還以為，自己不會再落淚，以為，一切已經雲淡風輕，孰知，談起他，還是無法遏止的心酸……他在我的心中的形象相當多元，像是個很厲害的硬體子演員，成功的扮演著許多不一樣的角色。

談到震懾的力量，他如果生氣要罵人打人，我和哥哥都是會雙腿發抖的。拍片的現場，我除了工作就是寫功課，是不可以和男性工作人員說話的，但是他卻可以去賭博，哼！

有一次，被他撞見我上完廁所和一名男性工作人員講話，回到家，他問我講了甚麼，還承諾如果我照實說，便不會打我，豈料我實話實說了，還是免不了一頓關門抽打。打我還算客氣，打哥哥、對媽媽暴力，那真的是非常的恐怖。這樣的影響，其實一直到現在，只要周遭有任何巨大的聲響，我都會非常害怕。

小時候留長頭髮的我，每天出門的兩邊馬尾，都是他綁的。青春期的我，初經來時，我非常害怕，是他不知道去哪裡生出來的衛生棉，示範給我看，告訴我我已經長大了，是個大女孩，還指點我走路不要怪形怪狀。他跟我說過的很多話，都成為我生命中的經典。在我不小心敲到頭，他熱切的關心下，他說「妹妹不能有事，妳是我的驕傲」。在我小學三年級，隔了一個多月，好不容易可以穿上運動服去上學的早晨，我不願意再請假去拍戲時，他對我說「妳不去拍戲，家裡怎麼會有錢」。在我國中時期，我和哥哥半夜被挖起來，他在我們面前割腕自殺，我拿著學校剛剛學習的米白色三角巾替他包紮傷口，他哭著說「妹妹，妳以後就再也沒有爸爸了」這些平常只在劇本中會出現的台詞，都伴隨著真真實實的情感，出現在我的童年生活中。

還有很多誇張的劇情，我覺得我說了都不會有人相信，所以我很少說。國中時，我站在媽媽的房門前，指著他大叫「不准你再打媽媽」，我不知道我哪裡來的勇氣，當時我身後的那扇門，幾乎已經被榔頭砸爛，而倚靠在床頭的媽媽，旁邊都是如射飛鏢一般，破碎的碗盤碎片。大學畢業後，晚上十點多，拍戲收工回家，他持刀和哥哥起衝突，鬧到凌晨兩點多，我報警、警察到、他打我、我回擊、警察勸架、他被帶離。這一帶離，就是生離也是死別了。之後他回去四川生活，我的生命中，結婚、生子，都沒有了他的位置。

以前，我覺得自己有夠可憐，比所有我演過的童星角色都可憐，難怪我可以超齡的詮釋。現在，我相信生命有必須經歷的磨練，所以，對於他，我沒有任何的怨懟。事實上，他對我表達的愛，他給我的愛，是我的生命在經歷了這麼多之後，還可以選擇光明的最大力量。我記得，最喜歡在等公車的時候，趴在他的肚子上，覺得那是全世界最安全的地方。也記得，每逢過年，他拿出一瓶不知道藏了多久的廉價紅酒，只有我願意陪他對飲，好像世界上只有我懂他，也只有他懂我（好像……）。還記得，拍戲時，如果劇組在淋雨戲後，沒有幫我準備薑湯，他會毫不留情面的翻臉，那時，他是我的美國隊長，是我的英雄。

在我高中時，他要去動腦部的大手術，我擔心的在家裡跟著他亦步亦趨，他要我別擔心，他一定會好好的，牽著我的手看我嫁人。這個承諾沒有實現，我不知道另外一個世界的他，會不會生我的氣。我也不知道還要多久，談起他，我不會再落淚再心酸。但是我確定，我想繼續努力，成為讓他驕傲的人。行文至此，「他」是我的父親，是一個比我還像小孩的父親，是一個比我還任性卻又真實坦誠的父親。如果以後修行的世界裡還會相遇，我想說：

「以後，就讓我牽著你的手，交給一個會疼愛你一輩子的人！」

///

活著

凡人的震盪

開始在教團承擔比較多的，陪伴傾聽引導的角色後，我發現，每個人在不同的時間階段，會有不一樣的起伏。

不論是現在的狀態多篤定、多樂觀，一定會在不久的未來，進入到一個，所謂的震盪時期。而這一次震盪之後的整理深度，則決定下一次的震盪，間隔時間多久、幅度多大。

如果站在苦修為中心思想的宗教角度，這是消不完的業，卻是覺悟的大好良機。如果站在靈修的法門宗派，他會說，這是探索自身最好的契機，是靈性提昇的最佳時機。

這樣看來，不論是哪一門哪一派的說法，震盪時期，都是好的，如果懂得感受，並且善用，那就是最好的利用。

事實上，四季更迭、百花盛開凋零、朝代輪替、經濟起伏，似乎也都是這個道理。

凡人消極的等著震盪，當震盪來時，樂觀的人從中吸取營養、成長蛻變，悲觀的人被盪的忘記回神、跌落谷底，永不翻身。

先知先賢以「悟道」的姿態，用穩定性的頻率，撫平已知的震盪，甚至「預防」未來震盪的發生。

嗯，既然是一定會發生的真理，了解並面對，會不會比較容易？

///

不在現場的街頭藝人

夏日的台北，總是要到晚間才有涼爽的想像空間，否則一身的黏膩就像分不開的戀人，不能發脾氣卻又討厭的緊。

那天，在淡水的志工服務完成，天才剛黑，馬路上下班的車陣讓我還沒有回家的意願。我和朋友想著，不如去漁人碼頭邊吹吹海風，感受一下夏夜的悠閒。長長的木棧道，還留著白日太陽的餘溫，天上已經閃爍的星星，印照著八里的霓虹燈光，地上恣意妄為的蟑螂，可能也是現在才出來納涼，大陸遊客、不畏黏膩的情侶、中間有著顯著距離的老夫妻、出來溜小孩的小夫妻，原來夜色中的人生仍舊那麼清晰。

過了情人橋，沿著木棧道走了一圈，途經小小的酒吧，如果不是要開車，真想配著爵士樂，喝一杯女士調酒。涼爽的夏夜果然只能想像，才這樣走了一圈，身上的衣服又再一次濕透，放慢腳步，只希望上車前，汗液可以稍微乾些，給點舒適的空間。再度走回情人橋，要往停車場走去時，一個街頭藝人，背著吉他、調著音箱、嘴裡不斷重複著「*test test*」。哇！太幸福了，這是漁人碼頭的 *happy ending* 嗎？

隨意地坐在階梯上，大口地喝著水，準備聽個兩首再滿意的開車回家。很耐心的等著他把自己準備好，雖然只有微微的星光，但是看的出來，他相當年輕，使用的配備，也相當齊全相當新穎，試音的聲音透過小巧的麥克風傳出來，聽得出來，不是便宜貨。只是，除了 *test* 之外，一直聽到他小小聲不間斷地說話，好像是透過手機視訊，在和遠方監聽的夥伴確認喇叭的效果。我想，嗯，現在的科技，真的讓這樣的 *moment* 變得更加專業，更加完整。彷彿不再是以前，一副好聲音、一把吉他、一支立麥，一頂帽子而已。

終於，「往事只能乾杯」引起了我的笑容，乾淨輕鬆的聲音，配上這樣充滿滄桑的歌曲，實在是有一種特別的感覺，在這樣耍賴的夜晚，剛剛好。雖然夏夜的慵懶就該理直氣壯，可是給予表演者掌聲，卻是絕對不能偷工減料的。除了我們，旁邊還有一對情侶，也是熱情地給予掌聲，並且上前在小紙盒前，投入了實質的金錢鼓勵。我偷偷地瞪了情侶男生一眼，聽歌就聽歌、鼓掌就鼓掌、投錢就投錢，抽甚麼菸！視線回到年輕的街頭藝人，他說了聲謝謝之後，繼續輕聲地說著話，一開始我以為是我熱昏了，怎麼都聽不清楚他說甚麼。後來，聽了大約五分鐘，我發現，原來他的演出同步在網路上直播，所以，他說著本來不是選在這個位置，後來 *brala brala*……，他還和網路直播的聽眾（真的有嗎？）討論等一下想聽甚麼歌。

我真的超傻眼，所以，是這樣的意思嗎？他不在乎現場，願意為了欣賞他演出停下腳步的真實人體，而去應付，可能只是把手機直播開著當作背景聲音，一邊大便一邊消磨時間的網路虛擬觀眾！是這樣的意思嗎？對不起，我現在不太能文雅。所以現代進步的科技，指向收音、發送高頻低頻都清晰的音響設備，不是為了和現場的觀眾互動，是為了看不見的、不知道到底存不存在、臉上輕蔑文字上卻說熱愛的環球虛擬網迷，是這樣的意思嗎？如果是這樣，真的不應該在現場擺出紙盒，應該開放網路帳號，讓網迷用網路支付欣賞的費用，這樣不是更體現科技的便利與實用。

我想我真的老了，這個打擊太大，我還是拖著黏膩的身體，好好開車回家，選一片 *Louis Armstrong* 的 *CD*，在手記上寫下一些不著邊際的感想，比較有活著的感覺。

對不起，我真的覺得你唱得很好，可是，我投不下鼓勵的金錢……對不起！

///

分水嶺

人生到底有沒有分水嶺呢？我想，每個決定，應該都是，只是，分的情節大小差別而已。吃麵吃飯？搭乘甚麼交通工具？穿甚麼衣服？念甚麼科系？嫁甚麼人？今天行程怎麼規劃？面對明天的不如意，是甚麼表情？最後我想問的是，想實現的人生該怎麼選？

分水嶺，是兩個流域分界的山脊或高原，也是形容不同事物的主要分界。會這麼嚴重嗎？

今天晚上，我和女性友人相約談談三個月後，有沒有可能實現的一個瘋狂計畫，我們兩個，各生產了一個十二歲的女兒，在房間計畫著她們自己人生的分水嶺，她還另有一個三歲的小男孩，踩著我的包拼命墊著腳尖，想參與我們的對話。一個接近四十，一個超過四十，兩個在眾人評判中，應該算是幸福的「熟女」，談著心中的夢想。到底為什麼要稱熟女？是怎麼熟？有生產能力，所以熟？有家庭、事業，所以熟？被稱作師，所以熟？我不知道那裏熟，但是我們在計畫的，是心中的那個小女孩長久的夢想。

一直以來，我有一個在舞台上跳舞的夢。幼稚園畢業典禮的時候，因為拍戲的關係，跟不上大家練習的進度，編不進同學的隊伍，想跳舞的慾望，讓父母央求著老師，讓我在畢業典禮上獨舞。後來，很短的時間內，老師教了我跳當時很流行的國外歌曲「閃舞」，我還記得一開始背對著大家搖擺，節奏一改變，才回頭正式亮相。我記得那個亮相的感覺，很難說得清楚，但是那個感覺……。

戲劇給了我對於情感的感知以及表達能力，對於人事物的觀察，演員具有獨到敏銳的能力。但是戲劇終歸，詮釋的是他人的人生，不管是否是真實人物，詮釋的當下，她就是我，我就是她。但是舞蹈給我的魅惑，就是戲劇滿足不了的。那是一種深層的自由，表象上有舞序、有節奏、有隊形、有服裝，可是每個舉手中，每個眼神中，每個律動、每個轉身，都會因為當時生命的狀態而有所不同。簡單的說，同一支舞，妙齡少女和單親媽媽展現出來的舞蹈情感就不會一樣。甚至，同一個舞者，不同天的演出傳遞出的訊息，也絕對不會一樣。

女性，在東方的社會，被賦予很多的「期待」。我的人生，呼吸到目前為止，承載著很多責任。同樣都是舞台，在戲劇的領域，藉由演繹出他人的悲苦，宣洩我的，藉由笑鬧他人的情愛，沾些點滴。但是，在舞蹈的舞台，我想，藉由表象的秩序，跳出自己深層的自由。

今晚，我做了這樣的決定，該給自己一次機會，達成這個夢想。這個分水嶺，會領我往哪個山脊去，我不知道。但是，我知道那個在舞台上獨舞的小女孩，瞪著大眼睛央求著我，她說她選擇不了當童星的命運，選擇不了沒有同學的求學生活，可是，她說，再為她閃亮的舞一次，就這一次。

///

分身藝人

3C的發展，有時候快到讓我覺得惶恐，感覺沒有跟著學習，就快被隔離到另外一個星球一樣，哈哈！最明顯的，現在每個人都可以是一個電視台，隨時隨地開了直播，自己就是大明星，過足被關注的癮頭。不過，這樣的隨時隨地，有時候好像陷人於一種奇異的狀態。

我常常會在咖啡廳裡，享受一個人的時光，很喜歡選一個角落的位置，點一杯咖啡，用隱形觀察者的角色，寫寫東西、想想事情、看看來去的人。一兩年前，咖啡廳的人，三五好友或是聊天或是嘻笑，孤獨文青們或是閱讀，或是偶爾低頭看看手機，忘記是多久以前開始，很多長輩也會選擇在咖啡廳聚會聊天，雖然長輩的音量總是過量，會引人側目。可是，他們專注聊天的樣子，常常會讓我覺得，這是人與人相處時最有溫度的 *moment*。

不過現在，看到的景象有些微不同。情侶之間，如果坐下來之後，會認真地看著對方談天說話，那肯定是剛剛戀愛不久，還願意珍惜這樣的時光。如果是坐下來之後，各自拿出手機進入虛擬世界，那肯定在一起一段時間了。另外一個獨特的族群，就是單身男女，如果可以選擇，我絕對不會坐在他們背後的位置，為什麼呢？因為，當他們坐定的下一刻，就是拿出手機自拍，如果坐在正後方的位置，搞不好正在打哈欠的樣子就被拍下來了，之後會隨著無遠弗屆的網路，散播到天涯海角，有一天還會透過海外的朋友截圖，把你的頭放大圈起來，問這是不是你，然後，你瞪大眼睛完全想不起來這是在甚麼時候的矬樣，只能深深嘆一口氣。

好，自拍，功夫好還閃得過，直播就沒有那麼簡單了。我還記得有一次，我已經在咖啡廳坐了大約半小時，前側的沙發四人座，來了一個妙齡女孩，我已經有心理準備，果不其然，她拿出了手機，用自拍模式，先整理妝髮，然後開始自拍。我可是身經百戰，左一彎右一藏的，立刻閃避成功，沒有成為背後靈。但是下一招，我就投降了，因為她開始直播。像和對面友人聊天的方式，她開始聊著今天出門發生了什麼事，路上遇到了什麼人，摩托車怎麼不讓她，路上的浪浪多麼可憐。我其實非常敬佩，因為她邊分享，還可以邊丟一些可愛的貼圖、音效，甚至，也可以自然的拿起咖啡喝個兩口。說真的，演戲已經是我生命中最重要的一部分了，但是我覺得如果有一天要我這樣，扮演的角色中我可以，但是真實的世界中，我現在還真的覺得我做不到。於是抱著敬佩的心情，彎身低頭了大約十分鐘，第一段 *live* 節目終於結束。在這個舞台的「後台」，我很敬業地沒有發出聲音、不敢露出身影，不過，第一段節目結束時，我發現我腰痠了，所以在下一段節目開始之前，我決定離開現場。

換到一個，與她斜對角的位置，只見她悠閒的再喝了口咖啡，然後把袋子裡，瓶瓶罐罐的東西擺出來，還有一隻毛茸茸的小熊也出現了，最後整了整頭髮，下一段 *live* 無限量的展開。那個時候，突然間一盞 *spotlight* 從天而降，我覺得，我是 *nobody*，她是個 *super star*。在直播中的她，是這麼的有信心，專注地做著她自己。

也許，*3C* 的發展，讓我覺得惶恐，卻讓很多壓抑的靈魂，滿足了站在舞台上，實現了受人矚目的夢想，這也未嘗不是好事一件。只是，未來公眾場合，可能要闢一區直撥專區，就像以前的吸菸區一樣，才不會有無辜路人，被迫上了舞台名揚國際，還在挖鼻孔之類的……哈！

台灣大富翁

///

拜颱風假之賜，女兒期待很久的大富翁，總算可以開打。午飯吃完，迅速的清理完餐桌桌面，擺上遊戲桌面，台灣有名觀光景點全部一覽無遺。

現在市面桌遊的多樣性，讓很多孩子不一定會想玩大富翁。而大富翁最有趣的點，往往都是一盤歷時三個小時的遊戲中，最後的二十分鐘。所以，大富翁這個遊戲是這樣，沒有足夠的時間，沒有悠閒的心情，沒有準備好一杯濃郁的奶茶，大人小孩都是無法享受這個遊戲的。

記得有一年過年，哥哥、嫂嫂、女兒、我四個人，玩了將近四個小時，弄到三家破產，才真真正正的玩完。那最後半小時，隨著骰子的變化，情勢逆轉、驚聲尖叫，讓我們一直回味到當晚的家庭聚餐呢！

我個人覺得，大富翁最有趣的，就是它的不確定性。很多投資，都是在最後關頭才發揮了置之死地而後生的效果，而很多一開始撒網捕魚的玩家，在最後卻不得不散盡財產，落的每多掣肘，更有趣的，即便是經驗豐富，思慮縝密的玩家，也敵不過骰子的絕妙安排。最最最值得說的，往往越不願意發生的事，總是會在大家的掌聲中實現，躲也躲不掉。

桌面上的過程與結果，詮釋了每個玩家的性情；遊戲的變化與不確定性，代表了人生的無法預測與豐富的色彩。懂了以後，我想，每個數字擲出來的瞬間，該搭配的，都應該是精彩的掌聲，因為少了任何一個人、任何一個步驟，都成不了局。

///

好牌

前幾天，看到一部日劇，其中有一段故事，很耐人尋味。男主角小時喪父，高中畢業當天，母親遺棄他和男朋友離去。他因而決定過著他的「放逐」生活，勒索，賭博，打架……。

有一晚，輸光了之後，來到河邊，看到一個穿戴大富人家衣著的老人，在靜靜的垂釣。他覺得是個機會可以海撈一筆，拿起了地上的鐮刀就往老人的脖子一架。

老人不慌不忙，看都不看他一眼。只靜靜的說著：

「人的出生或許有貧富的差距，可是一輩子註定的牌數，是一樣的。如果你行善，你的好牌就會翻倍成長，如果你作惡，你的壞牌就會盡現。如果你殺人，那這輩子就沒有救了！

你可以現在開始累積好牌，最後就和好運做朋友，你就可以決定要把好運用在什麼領域。」

說完這翻話，老人輕輕的把鐮刀推開，若無其事的繼續看著河面上搖擺的浮標。

這個年輕人被這翻話震懾到，一動不動的眼淚直流。過了數十年，他變成了一個大出版社的老闆，每天仍舊乘著電車上下班，房子是租的，戒了原本的菸酒，看到垃圾就撿，遇到老人就幫。他維持著最低的生活水準，想累積生命中的好牌，把運氣用在對於社會有助益的出版品上，以報答那位在河邊的老人。

行善，是要拼命的！是要忘記生命的！忘記自己的！

然而，行善累積下的好牌，會回饋於保護生命永續……我這麼想著。

年尾的富有

///

大學的時候，曾經修過一門新聞廣論的課，教授叫我們每個人要寫一篇報告，內容要關於媒體與社會現象之間的關係。我還記得，當時，我對於女性被購物、節日、在新聞當中「物化」的現象，做了一篇觀察報告。

現在每到西洋情人節、東洋情人節、聖誕節，這樣的現象仍舊不受經濟不景氣影響，蓬勃發展。

我不是一個愛過節的人，可能因為長久從事戲劇工作的關係，這份工作是不分平日假日甚至節日的。所以，這樣的社會現象，我觀察著，卻未曾參與。不過，我超級喜歡聖誕節！除去商業氛圍，這個節日的源頭，是「感謝」、是家人好友共度，不論甘苦，有感謝、有齊心，便充滿力量。所以，我喜歡。

而且，這個節日一定伴隨著音樂與燭光，那是不分富貴貧賤，皆能擁有的幸福。

我喜歡，在這個節日，靜靜的手寫幾張卡片，給生命中重要的人，述說心中的感謝。每每還未下筆，感激的淚水已滿眶……。

在紛擾的年尾，給自己兩個小時，發現自己的「富有」，那是很重要的省思……。

///

有錢人

小時候，家中的困頓，我的心中一直希望自己有一天可以是「有錢人」。至少，家裡凹陷脫鬚的三人座藤沙發，可以改成西洋式的氣派皮沙發，至少，元宵節要交的燈籠作業，可以是玻璃紙加上竹條製作而成，裡面是小巧可愛的燈泡，而不是喝剩的牛奶鐵罐加上鐵絲條，裡面發光的是蠟燭。

然而，這些願望從來沒有實現過，因為有錢人，從來不是我們。

我還記得，有一次媽媽的家族齊聚為外公慶生聚餐，在前往餐聚的地點時，我第一次坐上長輩開的名貴進口轎車，忐忑的害怕自己的粗魯，會弄傷車子裡面的任何裝備，連車子行進時，後背都不敢往後靠，這樣的卑微情緒，到現在我都印象深刻。開車的路途，駕著車的長輩，幽幽的說著這台車的價值，最後說：「你們要好好珍惜，也許你們這輩子只能坐這麼一次！」，當時我對於這句話沒有太多的感覺，只單純接受，也許自己的人生永遠會如這句話一樣，一輩子都是這樣的卑微。那天的晚餐，我不記得外公有沒有開心，只記得聽完這些話的爸爸爛醉，提前離席，而舅舅阿姨的臉色都不太好看。

所以，從小，我就以為「有錢人」是尊貴的值得驕傲的，是我長大應該追求的目標。

大學畢業後，沒有離開過演藝的環境，我的收入肯定比上班族多，但也和偶像明星、綜藝大哥大姊相差甚遠。雖然經濟上的改變，已經脫離了卑微，但是心中的空缺，卻像是破掉的天空，雖然看不見，但是深刻地影響著身心靈的宇宙。我一直在「成為有錢人」的這條路上尋覓，但是我的快樂卻離這條路越來越遠。困惑、迷惘、掙扎、痛苦，找不到答案，又很想知道答案。

這兩年，因為志工活動的關係，接觸到不少「有錢人」，聽到很多「有錢人」描述著他們心中的「有錢人」。常常一起吃宴席餐、喝高檔的紅酒、坐進口轎車，可是，他們大聲說話的音量，仍舊掩蓋不了深層的荒蕪。突然的，我發現，雖然他們手上的錶多了幾顆鑽、開的車圖案很鮮明、說話的氣勢，是我永遠學不來的，但是他們的煩惱其實和大家一樣。夫妻成長節奏不一、兒女的未來何去何從、身體的病痛，因為過度疲勞而始終無法減緩，還有一直追求而產生出不盡的虛空感，這些和所有人都一樣。甚至，話語的間隙中、眼神飄移中流露出的孤獨，更是讓我驚訝不已。

「有錢人」，其實也用另外一種姿態，來體現生命的卑微嗎？我忍不住地問。

到現在，我已經放棄想成為「有錢人」的這個目標，因為我看清楚了，有錢不一定比較有快樂的機率。我該尋找的道路，在另一個方向，雖然還不是很清楚是什麼，但是肯定不是「成為有錢人」。現在三不五時，我喜歡買義美小泡芙吃，因為，當小學同學都吃著美而美三明治當早餐時，我和哥哥好多清晨的早餐，是數著小泡芙度過的。那大概是不有錢的歲月中，我覺得最值得慶幸的事了。

///

快慢之間

四年前，因為工作之故，我開始了第一支智慧型手機的生活，目前也才堂堂邁入第二支，和許多人相比，我就像是智慧型手機裡面的白痴使用者。善用它的程度，可能就像人類的大腦一樣，僅只個位數的百分比。

那天，和經紀公司的人聚會，經紀人好奇我手機裡面的應用程式，怎麼會這樣的少，她大概念過一輪她手機裡面，二、三十個現在最流行的 APP，最後受我青睞的，只有一個翻譯軟體和一個音樂播放軟體，她雖然不願意置信，卻也還是放棄了遊說我繼續增加的這份熱情。

上個月，我和教團孩子固定的聚會中，有一位與我同輩的教友和孩子們聊到了二戰中，一位日本外交人員在波蘭，不顧當時日本政府的反對，擅自發放將近一千張過境簽證，給當時極欲逃亡到蘇聯的猶太人的故事。孩子不明白，為什麼這個日本人只是發放簽證，卻值得被這樣歌頌、這樣紀念。

我的歷史出奇的爛，但是我勉強還記得二戰中，日本與德國的同盟關係，所以我再以這樣的歷史背景和孩子們述說解釋，這位日本外交人員，在當時那樣的時空背景下，勇敢做出的選擇有多麼的了不起。懂的孩子多了一半，但是看的出來，仍舊模糊。

我其實非常驚訝，我面對的不是小學生，幾乎都是出社會的大孩子，語言理解能力、情境理解能力的欠缺，所謂何來？壓力之下的抉擇，才是真正的勇氣，這樣的概念，對他們來說怎麼如此空洞？

社群軟體的發展，是我開始使用智慧型手機最重要的原因，憑藉著快速且多元的使用方式，大大減少了聯繫上，時間與空間的限制。但是，請注意，我寫的是「聯繫」，不是「溝通」。為什麼這樣強調？如果你仔細觀察每天手機上的數十甚至數百則訊息，究竟哪幾則能真正洽當適切的表達出，發訊息者真正的想法。或是能夠加強聯繫者之間，彼此真心的交流。甚至，臉書上，看似文章卻不是文章，看似新詩卻不是新詩的篇章（能稱作篇章嗎？），比比皆是。

對於習慣現今社群軟體中，隨處皆是不是句子的句子，不是文章的文章，不是真實的真實，不是道理的道理，面對這樣艱鉅考驗的小孩子與大孩子，想在這些似是而非的文字中，建立自己的判別分析，試圖去理解文字代表的人類思維，去感受長篇真實故事呈現的人類價值，依我淺薄的判斷，簡直是完全沒有機會。

更驚人的事實是，仰賴著快速的現代通訊技術，卻忘了，聽家人朋友慢慢說話的時光，我們雖然爭取到了無價的時間，但是比時間更加無與倫比的人類本質，卻從自以為掌握一切的傲慢中，悄然消失……。

You are living, but where is your life ?

///

咖啡與低谷

人生的低谷，是為了甚麼而存在的呢？

今天早上，腦袋中不斷浮現著這句話。也許是因為昨天回家後，連日密集的疲勞，讓我關了手機，怒喝啤酒，情緒指數破表……結果早上起來罕見的頭痛，這就是傳說中的宿醉嗎？只好再罕見的，早餐沖了一杯黑咖啡，治治頭痛與怪異的心情。

昨天早上在台北看守所立德電台錄製廣播節目時，創新例的，訪問了正在服刑的同學。他是因為違反了銀行法，已經在高牆內度過了一年多的日子，即便上訴順利，也還有三、四年的時間要擺盪。看著他談著自己無法陪伴在兩個年幼女兒身邊的遺憾，談著過去叱吒風雲的商場生活、人情冷暖、對於未來攀爬人生第二高峰的計畫。突然的，我的眼前，出現了他身穿合身訂製西裝，手拿著酒杯，到處敬酒、高談闊論的畫面，彷彿世界一切的運行都在他的掌控之中。出魂的我再定睛一看，現在的他，穿著所方的制服，短袖短褲拖鞋，身分的象徵，從手上的名錶到胸前的名牌，從銀行瞬息萬變的七位數字，到名牌上的五個數字。

這是人生的低谷嗎？存在的意義又是甚麼呢？

訪談中，他不斷談及，如果不是被人欺騙，他不致如此……這樣的論述，其實很不陌生，很多被詐騙的知識份子，也都是這麼說。也許是連日的疲憊，心中努力維持的慈悲，被尖銳的顯微鏡戳破。

「如果沒有貪念，何來欺騙」

看清楚事情的源頭，對於自我的省思，是相當重要的。說甚麼談甚麼，其實一點也不重要，做了甚麼，才是關鍵。如此說來，他人的言論、慫恿、威脅、利誘，根本不重要，自己怎麼回應，怎麼行動，才是導致此刻的關鍵。所以，一切的結果，都應該怪自己、念自己、抱怨自己才是。

我的信仰告訴我，我被允許可以看清楚事情、看清楚人性的起心動念，以利自我的學習，但是不被允許裁判他人。這幾年，在看清楚與裁判間不斷的拉扯，到底，那些總是帶著釋懷笑容的智者，他們是怎麼做到的？從他們睿智的眼神中，看的出來他們再清楚不過，但是，那些溫暖的笑容，是這樣的真誠與包容。是不是，他們根本聽不懂國語，所以只能傻笑，哈！

我的咖啡好香，充滿著迷死人的香氣，那深咖啡帶著透明感的搖曳，好像我現在的怪異心情。我想知道智者的笑容，從何而來，卻又強烈的質疑自己，就算讓妳懂了，有做到的可能嗎？這個問號像超級大顆的冰雹，一直敲打著我的頭，我應該是很孬的用啤酒當作安全帽了，所以才有了現在的頭痛。但是至少我知道，工具箱裡面，尖銳的工具，是無法或缺的重點，但是更多時候，它卻是工程師小心翼翼、敬而遠之的。我絕不想成為這樣的工具。

同學，你口中的低谷，我覺得是打掉重練的契機。我現在的低谷，可能還需要幾杯啤酒和咖啡、幾晚的怒氣與頭痛才能夠想得清楚。

不能裁判別人，裁判自己可以嗎？

///

拒不解凍

煮飯，不總是在我的日常生活行程中，所以，有時候心血來潮，想自己煮點甚麼時，冷凍庫中，沒有給它足夠時間解凍的冷凍食材，最終，都會被我放棄。

生存已經無法回到過去，只求溫飽，只求一家平安健康這麼簡單。每個人的煩惱與日俱增，即便是孩子，也無法如同大人說的，無憂無慮。物質的發展，突飛猛進，可是「幸福」的感覺，卻越看不清楚，仰望著「小確幸」，卻找不到讓自己真心幸福的方向。因為心中的孤寂與迷惘，所以現代人總是抓著煩惱往死裡鑽，鑽著鑽著，總是得找到一個出口來舒壓。於是現代社會上，心靈課程、沈思冥想、瑜伽靜坐，全部應運而生。

課程中有收穫的，能得到些許的平靜與成長，課程中無法撫平的傷痛，找不到出口的，於是抑鬱、憂鬱、暴躁，比比皆是。

但是現在社會中顯而易見的，常常是責怪。這是最容易發洩的方法，大家也都用的熟能生巧。因為找不到適合的方法、找不到幸福的方向，再加上我們有太多的模範可以仿效，新聞媒體、政治人物、名嘴、企業家、藝人（真是對不起大家），這些具有影響力的公眾人物，每天都在創造新世界的責怪名言，怎能不被影響、怎能抗拒。可是責怪完之後的心情，恐怕連小確幸都沾不上邊，只能離幸福越來越遠，就像霧霾一樣，遮住了方向，越來越濃。每個人都知道，可是誰都改變不了，改變不了自己，卻肖想改變他人。

這番執著，何苦來哉？就已經夠苦……。

那天，和女兒一起看教團內的神理書籍，其中提到，「執著」是回去幽界後，最危險的事，本來可能只是要一直織布，一旦一直執著不醒，那就可能會掉下去一層，去搬大石頭，直到放下執著，覺悟的那一刻，才又回去織布，再放下再覺悟，就再上去一層，去讀書學習之類的。女兒問我，什麼是「執著」？看著她十二歲的青春年華，我轉頭看著，流理台上那遲遲不肯解凍的食材，我回答：「執著就像是一塊拒不解凍的食材，明明可以變成美味藝術兼具的菜餚，實現食材被創造的意義，可是，自己卻不願開始學習柔軟，寧願一直硬梆梆地繼續，覺得這樣最好。」

痛苦，通常都源自於想得到、想控制，因為得不到、控制不了，所以煩惱、生氣、怨懟。事實上，我們已經擁有太多，多到不知不覺，多到驕傲地以為自己值得擁有更多，所以不願意滿足、不願意感謝、不願意付出。靜下心來想想，如果把到此時累積的得，放在天平的一端，再把到此時累積的給，放在天平的另一端，天秤會怎麼歪？

既然習慣的方式無法幸福，與其抓著不可能幸福的生活方式，何不試著解凍一下、放下一點、改變些許，也許，生命實現的意義，許多大師終生追求的答案，會出現在我們凡俗的生活裡。

///

便利生活 模糊活

現代人的生活，便利但是模糊。

有一次，大約十一點左右，我到熟悉的早餐店，買我愛吃的「薯餅蛋吐司」和「熱紅茶」。眼見就我一個客人，平常尖峰時間的兼職妹妹應該已經下班，就剩下兩個熟面孔姊姊，我就開始和她們閒聊。

聊聊她們的的作息、聊聊客人、聊聊她們記餐點的超強記性，聊著聊著，她們告訴我，現在的客人和以前不同，現在的客人很會罵人，所以她們的超強記性是被罵出來的。至於，每個客人愛吃的東西其實沒有甚麼變化，有時候，遠遠的看到熟客站在馬路對面，就可以先準備他的餐點。談到這裡，都還算是愉快，也讓我覺得有趣。

最後談到了這一年來請的幾位工讀生，兩個姊姊的笑容收了起來，她們說現在的年輕人，「抗壓力」、「體力」、「溝通能力」都明顯不足，談到這裡，其中一位眉頭深鎖、萬般無奈。最後還問我，現在的孩子這樣，以後怎麼辦？我實在沒有答案，只好笑了笑，開玩笑地說，「等著滅亡囉！」

拿了早餐，開了車，我一路就想，便利的交通、便利的通訊、便利的飲食、便利的……

這麼多的便利累積起來，我們有把多出來的時間，用來累積自己或是下一代的「抗壓力」、「體力」、「溝通能力」嗎？這個答案，應該可以思考很久很深。

同一天的晚上，我到了我喜歡的小店買「米苔目」，店家忙碌之餘，忘了我的餐點。平常，我會開口詢問，即便詢問的輕巧，相信也是會給店家不少的壓力，因為是我！所以，我決定換個方式，給店家一點不一樣的客人樣子。於是我探探頭、微微笑，用肢體動作來表達我肚子好餓、可是仍舊等待中。店家察覺到了，不好意思地笑了笑，趕緊確認，做出來讓我帶回家。

我想，等著滅亡的過程，也還是需要做點甚麼，來幫便利但是模糊的生活，添點甚麼小小火花吧！

///

削鉛筆

記得，隔了許久，再去學畫畫的第一堂課，研究所的學生，我的畫畫老師，教我的第一件事，是削鉛筆。

他把垃圾桶拿近腳邊，微微彎身，頭往前傾，左手的四肢手指頭托著筆，大拇指扣在筆上，不輕不重的力量，讓筆可以隨刀片旋轉。右手則是拿著刀片，一樣是大拇指，熟練的用一種哼歌的節奏推動著刀片。於是，一片片的木屑就如同落葉般掉落，筆芯，嘎然出現。尤其是削色鉛筆的時候，各式各樣的顏色如花朵般綻放，我竟有種莫名的感動與醒悟。

不知道為什麼，我突然覺得，人生也就是這樣。

記得，每個失戀的片刻，淋著雨無滋無味的走在雨中哭泣。被生活的壓力壓得喘不過來，即便看著海，也吸收不了海的遼闊。悲傷至極的時候，在房子裡最黑的角落，蹲坐著，希望自己就像是牆角中的黑影，沒有人會注意。這些人生的過程中，最悲悽的時刻，就像那隻削著鉛筆的刀片，雖然很痛，痛到說不出話來，痛到只能無聲落淚，但是當一刀一刀的利刃，將包裹著真芯的偽裝卸下時，人生真實的色彩就出現了。

不知道為什麼，我就是這樣確切的感覺。

再次拿起鉛筆、畫筆，少了點膽怯，多了點大膽。也許正是這一刀一刀的磨練，讓我不再害怕，鈍了，再削就好，錯了，改正就好。草稿雖然需要大膽假設，但也其實不需要太過著墨，因為在上色的過程，或多或少，一定會調整修正。人生的目標不也是如此！大膽地立下未來的樣子，不要自我限制，而在完成的過程中，會轉彎、會後退，當然最後一定會找到最喜歡的樣子。

最讓我覺得浪漫的是，這次學畫畫，研究生弟弟會先依照當天的教材，也許是風景照，也許是實物，從草稿、構圖、到上色，完整的示範一整張畫作給我看，然後，剩下的課堂時間，我必須模仿他的整個作畫過程，自己創作一張畫。我發現，即便是同樣的教材，同樣的一支筆，同樣色號的水彩，卻絕對不會有一模一樣的一張畫。就算是同一個人，這樣的結果也不可能產生。因為每一次下筆的力道，沾水的多寡，顏料取用的份量，筆觸、角度、空氣中的濕度，都會影響一張畫的結果。

我們的人生，也絕不會有重複的機會與同樣的結果，思及此，我覺得這就像是在塞納河畔，觀賞夕陽一樣的，浪漫至極。而且，若有機會靜靜地玩弄顏色，會發現，純色儘管豔麗，絕對不若混色般的耐看、雋永。真正感受到這深層的韻味之後，竟驚覺，人生中的苦痛、喜樂、淚水、無奈，豈不都是完成一幅人生畫作，絕對不能缺少的素材。

小的時候，我的美術非常不好，但是現在，每當心情進入低潮，畫畫總是可以讓我得到平靜。因為我明白，當筆碰觸到畫紙前的每一個動作，握筆的姿勢也好、力道也罷，沾水的深度、多寡，混合顏料的比例，這每一個小小的動作，都足以影響下筆當時的成果。既然如此，何必在意此刻的不如意，何不扭轉一個小小的動作，讓低潮成為另一個往上爬的開始。我也許永遠不會畫得好，但是，我一定可以學得好。

///

大年初一的清晨，腦袋有點甚麼，所以不讓心、不讓身體入睡。不知道為什麼，睡眠不足的眼前，一直跑出前年在倫敦看展、長凳午睡、悲慘世界、歌劇魅影、在巴黎佇足街頭聆聽街頭藝人演奏、在鐵塔前等待黃昏、在街邊品嚐咖啡、在牆角啃吃法棍的畫面。

過年，是中國人的大日子，家人團圓、好友相聚。累積了一年的日子，看見每個人的變化、每個人的成長。我突然發現，孩子的變化成長最清楚，不論是外型樣貌，還是口條心智，都異常的鮮明。但是，相對於孩子，年紀漸長的家人朋友，改變的狀態幾乎集中在外型容貌。當然，心智的成長，外表難以判斷，可是，有一樣絕對可以當作依據的標準，就是牌桌上的表現。呵，老祖宗說得好，「要判斷一個人的人品性格，請他上牌桌」。拚上了輸贏，想要假假的都難。於是，你會發現，即使透過染髮、妝容的改變，看起來與時間可以抗衡，但是，心裡的豐富，似乎沒有因為一年的累積而成長。

想要親眼去看莫內的畫、想要好好去欣賞《歌劇魅影》、想要吃一顆法式馬卡龍、想要喝一杯真正的英式伯爵茶，因為這些想要，在前年，我決定冒險闖一闖。其實，出發前，我非常恐懼、超級恐懼，那種要離開一切熟悉的恐懼，就像刷牙刷到臼齒，幾乎無法控制地想嘔吐一樣。但是，我不願意，不願意這麼輕易的放棄，這麼輕易地與恐懼妥協，生命雖然有無限的可能，可是，這絕不會發生在自己限制自己的前提之中，所以，我不願意。

中國人的年節，如果要和西洋的節目相比，應該可以與聖誕節的重要程度相當。我沒有在國外過過聖誕節，如果電影中演的都是真的，那麼，聖誕節時，家人團圓，分享近況、互相感謝、飲酒談心、歌唱跳舞，那精神上得到的力量，是不是足以在未來的一年，支撐越過生活的挫折。但是中國人的年節，以現代的方是來說，吃與喝佔了很重要的位置。當然，聖誕節大餐，常常也是花費了西洋媽媽們一整天的心血，但是，那是為了營造可以互相交流的氣氛。但是回頭看看現在的年節，吃了什麼、喝了什麼，不僅僅是實際上的重點，更佔了話題中，很大的比例。東方人，很少會在這個團圓的時日談及自己的夢想、煩惱、未來的人生規劃，甚至是表達對彼此的感謝與歉意。

有時候，年過到初一中午，我就已經覺得孤獨。

影星梅莉史翠普說過：「能促使你自己去嘗試並非生來就在行的事很好，就算你做得並不好，還是應該試試看，嘗試很好。」。我覺得奇怪，看了這麼多年的「三萬一筒」，現在，大年初一的清晨，不好好睡覺，腦袋居然一直跑出來這些當時頂著恐懼嘔吐的壓力，而實現的畫面，「在倫敦的公園享受陽光、在長凳上午睡」、「和許多遊客一起躺在噴水池旁邊，呆看巴黎早晨天空的雲朵」，我的腦袋、我的心都在告訴我，心空空的時候，就是又該冒險的時候。

那時，沒有屈服在恐懼之中，新的一年，應該是，新的每一天，都必須要繼續……。也許這樣累積下來，我會有勇氣，在年節時分，率先開始分享自己的夢想與恐懼。

///

閃電媽媽

已經忘了上次用高頻率說話是甚麼時候，除了洗澡亂飆高音之外，似乎是想不起來了。*You know*，高音頻會讓人精神緊張、思慮混亂、細胞錯置、手腳失調……好吧！我承認，後面兩個是我說的。

事情是這樣的，今天傍晚，我去剪頭髮，我不是一個很喜歡去髮廊的人。也許是藝人身分的關係，去了髮廊，有時候比工作還累。但是，沒事少進城，也是我的行事準則，我雖然怕蝸牛，但是沒有工作的時候，我還蠻像蝸牛，黏黏軟軟的，所以，也不會特別為了髮事去台北市，去藝人常常出沒的髮廊。現在習慣的這間髮廊，大約二到三個月才會進去一次。它有著工業風格的裝潢，皮製沙發、飄流木般的大塊木頭、鐵桶置物箱。每個客人獨立的空間領域十分寬敞，最重要的是，設計師不會一直找客人哈啦。

今天傍晚，照例，我喜歡全部的事情一次解決，所以，有著屁股坐爛的心理準備。開始洗頭的時候，我察覺到我旁邊坐著的客人，是一個小少女，一個人安安靜靜地讓設計師調整著頭髮，大約一個半小時過去了，我幾乎忘了她的存在，因為我沒有聽到任何她發出來的聲音。我正竊喜，今天真是太幸福，這段不短的時間，我正拿著前天在書店買的《*Pride and Prejudice*》原文小說，想來複習一下遺失的英文，就已經看得半知半解，如果再遇到旁邊的熱情聊天室，我就不用看了，所以，竊喜著神無窮盡的愛。

突然，外面的閃電劃破了這個美好的片刻！

「不要再吃了，阿嬤已經煮好晚餐在等妳回去吃了！」、「瀏海有剪嗎？有幫妳剪嗎？妳有說嗎？誰幫妳剪的？」（如果你現在有想像的音頻與音量，麻煩請再提高一倍。）

神也太厲害，怎麼讓 *Mrs. Bennet* 活生生地從小說裡面走出來了？我還沒回神，就聽到閃電繼續發功，「她那個瀏海，上次被那個誰誰誰剪壞了啦！剪那麼寬，不好看嘛！

還有啊……」我稍稍抬頭，只見閃電女士，用指揮家的氣勢，彷彿站在指揮台上指揮著貝多芬的命運交響曲，如此投入激動。順著視線，看了小少女一眼，癟著嘴低低的看著腳尖，是個不配合的演奏者。那可不行，指揮家最氣這種演奏者了，於是，後面的發展，不用我說了吧！

回到我的小說，閱讀進度毫無發展，我忍不住思索，剝掉 *Mrs. Bennet* 戲謔、誇張、不恰當的行為與言語，她對於五個女兒的愛，是毫無保留的，是豐沛飽滿的。但是，這樣的傳達方式，卻很容易掩蓋掉最美好的動機，造成了反效果。這部經典小說的 *ending* 快樂圓滿，雋永流傳。但是，就是因為極少極少，才能成為經典。現實生活中，也是極少極少的人，可以忽略外顯的行為，去看到真正的美好。

當我真實的把 *Mrs. Bennet* 和閃電媽媽分割開來的時候，閃電媽媽剛好說到了在國外時，*Line* 和 *WeChat* 的優缺分析。我忍不住嘀咕，這麼好用，您要不要多用一點呢？唉，對不起，對不起……。

///

鬥志

最近，有一個熟識的朋友，在久未碰面、餐聚之後的當晚，傳了訊息給我。

他說，為什麼我可以一直保持著這麼高昂的鬥志，面對人生意義的追求、面對生命困境的突破。

看著這個問題，文字，我都看懂了，但是往深一點看，我好像看到了問題背後，隱藏著他對人生意義的無解、對生命困境的侷促、對自己的放棄。我知道這個問題，不能丟個貼圖了事，也不能官腔官調的回答，事實上，我也沒有官腔官調的答案，這輩子，從來也不想學。於是，為了確定我看明白了，我再次看著這幾個字，我問了自己，有嗎？我是這樣嗎？鬥志？我怎麼從來不覺得，我是一個擁有鬥志的靈魂。

我開始思索，從小一直到現在，不管是自身的成長，還是詮釋的角色，亦或是看到、經歷的人生，深深刻刻的，都是感受到生命的苦痛、限制、無奈、陰暗、悲痛、傷害。這樣的累積，現在的我，還呼吸著，已實屬萬幸。不過，此刻的我，似乎真的沒有過多的憂鬱，有憂愁，但是沒有過多。有悲傷，但是沒有過多。有壓抑，但是沒有過多。大部分的笑容，都是真的開心，大部分的眼淚，也都是感動多於難過。這樣分析起來，他的問題，不是隨口問問，的確值得探究。

我想，有很大部分的原因，是因為我始終相信，生命的存在、延續，絕對不是只因為要承受苦痛，只因為要面臨困境，應該有其更深層的道理。所以在承受苦痛的過程中，我一直在找那個小小的出口，像狗狗一樣，一直尋著嗅著真意的味道。因為，疼痛的破繭之後，是華麗的蝴蝶，極限的陣痛之後，是奇蹟似的生命，幾十億年高壓高溫之後，是完美無瑕的鑽石。那麼沒有道理，人生這樣多元的苦痛之後，只是苦痛。

所以即使在悲痛吶喊之際，我知道在我的心底，渴望追求人生真理的強烈慾望，沒有停過，也不可能停下來。截至目前為止，也許悟到了些微的百分之 *0.001*，但是那已經有很足夠的力量，讓我把苦痛視之為養分了。所以，雞婆的，很想把目前體會到的、有限的，生命的深層力量，傳遞出去。出自於這樣的慾望，以各種不同的方式，演也好、講也好，只要能夠傳遞出去，對我來說，就是最大的幸福。

理出了頭緒之後，我回了長長的訊息。我想，這位朋友看到的，是我要求自己時刻的精進，是我傻氣的積極，是我東撞西撞還不願意停下來的固執，找不到確切的形容，於是就稱之為鬥志……其實，這幾年，實在覺得自身的渺小，所以在面對「生命的意義」這座高山的時候，自覺，終於願意從遠方不敢接近的假面強人，走向山腳仰望雲端，企求能成為蒙允許攀登這座山的菜鳥登山人。戰將的霸氣應該是越來越小，朝向溫柔可愛呆滯的方向發展了才對！哈哈！如此這般，哪來「鬥志」之說！有時候看到鬥雞眼倒是有的！哈哈！

///

捨的練習

記得曾經在一本書中看到一個故事。有一個富豪，在一次生日宴會中，將所有收到的貴重禮物，打開來仔細的看，然後將禮物一一還給送禮物的貴賓。富豪表示，他這生已經擁有太多的東西，甚至會到吃不消的感覺，為了來世互不相欠，也為了想開始練習拋下，所以即便是昂貴的鑽石項鍊，他也毫不猶豫地歸還。

我不是一個勤奮打掃的人，但是每當心情不好，打掃總是很好的釋放。尤其，可以整理出一些沒有被善用的物品，然後練習送給需要的朋友，這件事，總是讓我覺得身心舒暢。前一陣子，又是心靈打掃的時機，所以我整理更衣室時，發現有三個以前購買的名牌包包，都鮮少使用。當然比不上名媛貴婦時常手提一個動輒數十萬的包，不過這三個加起來，也是有八、九萬的價值。思索了一下，我決定效法那位富豪來練習，練習「捨」。於是，這三個包，在分別的場合與時機，贈與了三個不同的人。贈與的時候，看見對方驚奇、喜悅、還有一點不可置信的表情，奇怪的，在那個當下，我沒有太多的猶豫，甚至有一種解脫感。該怎麼形容呢？有點像是，如果今天發生了危急的事，只有十秒可以思考隨身帶走的東西，少了這三個包，好像可以少一點牽掛與遺憾。

現代的人，被教導追求數字、追求成績、追求附著在身上的品牌。曾經，我也迷失在這樣的「真理」之中，即使用不到也不需要，卻認為自己的身分與地位，是需要這些包的存在才能證明，而下手購買。但是，後來我發現包包吸引來的眼神，並不能讓人感受到平靜的喜悅，反而是追逐之後的茫然。甚至，讓我覺得惶恐的，是那些亮相，完全不能證明自己，只換來了更多的比較與無盡的追求。察覺到這件事之後，我想，該是突破重圍的時候了。就像一條活生生的魚，被包覆在勒緊的包鮮膜之中，用盡一生的力氣也仍舊動彈不得、無法換來自由的呼吸。社會建構的所謂「以物質證明人生價值」的這張包鮮膜，把現代人勒的不能呼吸，但是大多數人無法察覺，還一直在比較包鮮膜當中的自己，有沒有比較優秀。殊不知，緊勒的膜，早已讓自己面目全非。

終歸，我們空空的來，是該空空的走，所謂物質的證明，沒有一樣帶得走。我想我能留下的，應該是女兒心中，母親對於生命的動盪不會改變的堅持；我想我能留下的，是家人記憶中，我的燦爛笑容背後的勇氣；我想我能留下的，是朋友回憶中，一起度過挫折的溫暖；我想我能留下的，是陌生人印象中，另外一個陌生人的付出。所有我想留下的、我能留下的，都要從「捨」的練習開始，這個我絕對肯定……。

///

眼淚的重量

前幾天，和一位高中學妹碰面，消瘦的她，看不到以前的天真浪漫。她哭著述說現在生活中的苦澀，當初對於幸福的想像，和現在有著望不到的距離。

以前，我們比親姐妹還親，會一起逛街一起唱歌，一起發想整人的計畫，一起被我欺負。有時候，在打工的補習班，一起吃晚餐，一起抱怨工作的辛苦。我們一起去香港的員工旅遊，一起描述當時的戀情，一起入睡，一起耍白癡。我們之間，沒有對錯，只有全然的支持。白白肉肉的她，就像雪白的泰迪熊，我深深的覺得，單純的她一定會超級幸福。

現在，我們坐在咖啡廳，她坐在我對面，清秀的臉龐依舊，卻不見當時對於人生的憧憬。未來對於她來說，好像奶泡一樣，看似漂亮，其實一點也沒有飽足感。看著她的眼淚，感受著她的心酸，相當不捨，於是我陷入沉思。我也數次這樣哭泣，可是這樣的哭泣，到底值不值得。我們這一生，如果最後有機會有神智細細去數，到底失去了甚麼？或是我們曾經期盼得到甚麼？

光溜溜的，我們來，毫無貢獻的，我們得到了父母無盡的愛與包容。隨著時間的累積，我們開始擁有期盼，害怕失去。漸漸的，本該懂得更多、回饋更多的我們，期盼越來越少。而害怕失去，卻佔了絕大部分的心胸。一直到我們該放手的那一刻，我們到底貢獻了甚麼，足以回饋父母的愛？足以回饋天地的無所求？

不用懷疑，我們絕對會帶走一件衣裳一條褲，躺在木製的盒子裡，但是那是我們期盼的幸福嗎？不管是不是，最後一定只能是這樣，那麼，如果僅僅是這樣，這幸福太容易了啊，我們花了這麼多時間，去追逐多餘的期盼，苦了自己苦了他人，又是為何？再拼命不也只能是這樣嗎？好，或許可以多雙鞋，多頂帽，然後呢？燒的時候，會有彩色的煙嗎？

害怕失去的，終將失去，期盼擁有的，即使是億萬富豪，也無力回天，除非富翁想擁有的，只是那頂帽。

細細推敲，精打細算，時間這條線性不可逆的道路上，除了那件衣裳那條褲、那雙鞋還多頂帽之外，其餘的，會不會其實，隨便一樣，都已是重到生命承受不起，我們其實根本，根本其實回饋不了一二。那麼，換個角度去思考，如何回饋這些重量，如何證明我們值得這些重量，似乎才是這一輩子，我們應該思考的。

晶瑩的淚珠，沉重的滴在木頭咖啡桌上。這滴眼淚負載的思維，究竟是失去？是期盼？還是貢獻？我實在看不清楚……我再不捨，也沒有睿智的話語可以勸慰，只有陪著、等著。可能我也不再單純，也因為期盼了過多，而不再感覺到幸福吧……。

///

蚯蚓與蝴蝶

每個女孩在成長的過程，或許是自己的期許，或許是身邊的家人灌輸的期待，都希望在未來的有一天，女孩們可以像蝴蝶般燦爛蛻變、展翅飛翔。

我曾經演過一個角色，是個都市的千金小姐，為愛嫁到鄉下的三合院，結果生活環境的不適應，最後累積而成憂鬱症。其中，最讓她痛苦的是鄉下的超自然生態，蜜蜂、螞蟻、蟑螂、蛇、蚊蠅、蚯蚓，還有許許多多都市女孩不曾接觸過的好朋友。

每天開車到三芝的山上，從早上七點到晚上十點，整個劇組在三合院，就像一個大家族。自然生態完全不用陳設，隨時隨地皆可取材，尤其到了傍晚，大家都像殭屍片裡面的瘋狂殭屍一樣，根本沒辦法好好靜止十秒。為什麼呢？鄉間的營養真的很好，蚊子的體積大概是都市中所有蚊子的三倍大，兇猛的程度如出籠的猛虎，連牛仔褲裡面的屁股都照叮不誤。攝影師最可憐，一開機，動都不能動，立馬訓練人生最難的「忍」字訣。

這個角色，我演起來，就是信手拈來，不費吹灰，因為我平常就是一個看到蝸牛都會繞道、看到蚯蚓會把旁邊的人的手捏到黑青的女孩，怎麼可能還需要演呢！所以，那一個多月，根本就是我與角色的人間煉獄，離開三合院的的時候，我覺得我快入戲太深都要得憂鬱症了。

最近，重新盤整自己的人生，不知道為什麼，夜色中，突然浮出了蚯蚓的畫面。牠是一個這麼甘願貼地的生物，也許是因為沒得選擇，就是這麼被創造，但是牠卻這麼穩穩地，一鴝一鴝的，移動著牠的短暫人生，即使外力被迫必須截去肢體，牠仍舊不改初衷，輕重一致的完成牠生命中微不足道卻能夠撼動地球生態的使命。

曾經，我也希望我是一隻蝴蝶，飛翔的時候，贏得眾人的讚嘆。身上的色彩、自由的乘著氣流在空氣中鋪成一幅獨特的畫作。然而追求飛翔的這條路，明明我的平衡感就不好、明明我就不愛擦指甲油、明明我就不喜拈花攪草、不會隨處逢迎，所以何苦逼自己成為蝴蝶？

蚯蚓，我要當蚯蚓！甘願的貼在地上，穩穩鴝鴝的移動，外力截去了我的部分肢幹，我也要往自己的使命前進。也許我不會有蝴蝶般鮮豔的色彩，但是，在土地上翻滾沾染的大地落塵，一定會成為我最豐富的禮服。也許有一天，會有一個美麗的小女孩，駐足在我的面前，會像我自己喜歡我自己一樣欣賞我，決定不和大家一樣，做飛翔的蝴蝶，而是成為一隻讓自己驕傲的蚯蚓！

復興空難那晚

有好幾年，我還蠻多夢的。夢的內容相當多元，有一千隻蟑螂來玩耍、大地震、土石流、飛禽走獸、數萬隻白蟻，總之就都是會嚇醒的夢。從這些夢，我深深知道，我的心中充滿了不安定。睡覺也一定要留一盞燈，否則完全無法入睡。

這樣的狀況，一直到十年前，有了信仰之後，不知不覺的徹底改善。現在就是個秒睡的小豬、整夜整夜還可以不翻身，睡眠品質應該是優質，甚至是頂級。

不過，偶爾夢境還是會來找我，印象很深刻的，有一次，我的夢相當的有寓意。那天晚上，如常的，秒睡。接近凌晨吧，我的神到我夢中來找現在的我。那是一個小房間，白白黃黃乾乾淨淨的燈光，大概三、四坪的空間，在房間的正中央，擺了一張床，很簡單的金屬床，不是病房的那種，是早期學生宿舍中，會看到的那種，像柵欄的數根直立金屬床頭，淺綠色的烤漆落下了一些斑駁，這些斑駁，讓金屬多了些溫度。我，躺在那張床上，聽著神的聲音。

看不清楚祂的臉，但是祂的聲音渾厚溫暖，直直地穿透我身體的每一寸，我的意識、我的靈魂。那個聲音，是完全無法抗拒，無法拒絕的，像是一輩子都渴望聽到的聲音。

祂告訴我，我的任務差不多完成了，準備要回到幽界囉！

我沒有太多的情緒，彷彿一切就該這麼樣的欣然接受。神沒有說，但是我知道，現界的生活剩最後幾小時。躺著的視角中，我看到床的周圍，站著我的人生中最重要的一群人。我平靜的告訴他們這個訊息，並且確認我沒有遺漏任何事。大家的臉上，沒有戲劇中的崩潰、哭泣、嘶喊，反而都是平靜喜悅、甚至是理解釋懷的笑容。

一切是這麼的平靜。

最後時刻，在這個房間，除了一張床、一群人、一個即將完成使命的人，還有一張柔軟的椅子。我爬起身想出房門，但是房門有一股力量，只準進不準出，我知道這個安排，我無法抵抗。不想浪費力氣浪費時間，於是我靜靜的躺上那張舒服的椅子，環視這些在這數十年間，給我愛的人臉上的笑容，我想確認的是，我對他們，也同樣付出真心，沒有辜負。

最後，我的眼神凝視祂臉上沉穩的笑容，我還是看不到祂，但是又好像意識世界中，看得到祂，其實，我沒辦法準確地形容那是什麼感覺。總之，就是可以清楚地與祂交流，那個交流，不是形體的。而我向祂確認的，是我沒有浪費祂賦予的生命與天賦，有好好認真的在這數十年間學習、實踐。

最後，我安心的閉上眼，確認沒有遺憾和後悔，之後，自然的揚起毫無牽掛的笑容。

再次睜開眼，微光的天空，那光線非常柔美，我以為我到了幽界。豈料，我聽見了小妹的呼呼聲。她在我身邊躺得東倒西歪，睡得香沉。好吧！我知道我的任務還沒完成，我還沒把人生的至情至愛演繹出來，我還沒把我看到的宇宙色彩分享出來，我還沒把做錯的諸多彌補回來，我還沒把學習的有形無形傳承下去，我還沒……。

這個夢境太過真實，雖沒有驚恐，但是我仍舊陷入思考，這個情緒這麼具體，整個情節這麼有邏輯，到底所為何來呢？我不願意硬擠出一個答案，但是，我好像知道，和睡覺前發生的事情有關，那天的晚上，發生了澎湖復興空難。我想，我的意識世界中，很用力地在告訴我，不要躊躇、不要猶豫，該愛的、該付出的，沒有等待的空間，一點都沒有……。

///

越南河粉

現在，吃飯變成是我最精打細算的事，要注意食物的軟硬，還要計算飲食的時間，最好把想吃的固態食物、液態飲品集中吃掉，減少挪動牙套的次數，減少痠痛到臉紅的窘境。

今天的活動地點附近，愛吃的義大利麵吃不得，三明治類咬不動，果汁類又撐不到入眠，所以，最後，我選擇了越南河粉。平常，河粉就是我的最愛之一，清清爽爽帶點檸檬滋味，但是，今天有嚼勁的河粉不在我的選項內，我必須吃更懶惰的清湯米線。

看著菜單，想了很久，我決定試試看央求店家，幫我把清湯海鮮米線內的蛤蠣、蝦子與墨魚都換成魚片，這樣就不會浪費食物。我指著我的牙套，告訴櫃檯內的店員，我現在面臨的困難，然後說明我的需求，但是越南籍的年輕妹妹，似懂非懂的，告訴我，他們的海鮮米線內沒有魚片，所以不能幫我換。疑，是我記錯了嗎？那可不能為難人家。我再問，可以只幫我煮清湯米線嗎？我真的咬不動。她貌似非常為難。等不到她的回答，我不願意和她僵持，選擇了清湯雞肉米線，我知道我絕對咬不動，但是在清湯米線的選擇中，總是要選一個最不浪費錢的，畢竟，齒牙動搖，這絕不是店家的責任。

就在她鬆了一口氣的準備幫我結帳時，突然，她驚呼了一聲，然後異常興奮的，像解了一題超難的微積分般對我說：妳可以點酸辣魚米線啊！

我知道你們一定像我當時想的一樣，既然有魚片，那麼就幫我煮一個清湯魚片米線不就結了！雖然，酸辣的重口味，平常絕不在我的菜單裡，但是，看到越南妹妹開心的模樣，我一點想要開口再討論的慾望都沒有。於是，我跟著她一起開心，然後說，好啊好啊！謝謝。看著她滿足的，完成了點餐的這個難題。

吃著吃著，我思索著，台灣人的彈性與應變，實在是世界數一數二的好，不過，其他文化中的堅持，卻也是我們應該尊敬的美德。也許，越南妹妹，就是覺得，清湯魚片，會讓我委屈了，會影響了客人的心情。殊不知，食物現在對我來說，只剩下生存的基本渴望了。不過，說真的，越南妹妹的笑，這酸辣魚，也總是還有那麼一點清清爽爽帶點檸檬的滋味……。

///

預備說話

全世界這麼多的物種，人與動物最不一樣的，是「思考能力」吧！因為思考能力衍生出來的，才有文明、才有進化、才有人與人的交際活動、才有傳承、才有創造，才有現在一切的一切。這樣看來，如果說脊椎代表人體有形的支柱，那麼思考能力，應該就算是人類無形的主宰了吧！

可是，從思考能力衍生出來，卻有著最讓人類痛苦的一件事，甚至可以說是大部分人類問題的來源，就是「溝通」。從古至今，有多少的仇恨與誤解，有多少的傷痛與遺憾，是因為無法妥善的溝通而落下的。「說者無心，聽者有意」、「弦外之音」、「出言不遜」、「大言不慚」、「道聽塗說」、「禍從口出」……，有多少的成語是形容溝通不良，所造成的大大小小恐怖後果。在現在社群軟體發達的時代，溝通已經可以隨時跨越距離、時差，很難說是做不到的事，但是如果隨意搜尋溝通的藝術、怎樣說話、多話不如少話，你會發現，這樣的課程，仍舊是號稱「溝通無國界」的現代人，最熱門的進修題材。可見，這件事有多麼地讓人類困擾，佛家還有一業，是專門為了口而提醒眾生的咧。

我也累積了不少因為口而造的業，直至今日也還沒有從傷痛中，明瞭其中的蹊蹺。只是這幾年隨著年齡累積，再愚笨也總能知道，前罪消不完，不宜再造新業。所以，隨著年紀的增長，變得不那麼愛說更不那麼急著說，該點頭的要點頭，該微笑的就微笑。這樣一段時間下來，雖然有時候忍住想說的話有點辛苦，不過至少，總是能廣結善緣。而且，也許是這樣的沉默練習奏效，我發現來主動找我說話的人，越來越多，年齡層也有擴大的趨勢，同性的比例也逐年擴大。最後這項不是開玩笑的，同性的緣越好，代表越沒有殺傷力，這項成就可得容我小小炫耀一下。

這還不是少話之後，最大的收穫。最近，我居然開始有一種神奇的感覺。在閉上嘴巴的過程中，反而更容易看清楚看見、感覺到，每一個人說話的動機與目的，在不同的場合、不同的情緒、不同的目的中，也替他們累積出了一種，可能連他們自己，都不清晰的思考模式，進而成為他們獨特的語言模式。所以，我開始可以在他們開口前，預測出他們會說出口的話，然後在心中先預備好答案，一個不傷人、絕對安全的答案，就像事先擬好劇本再演出一樣。用演出聽起來有點假假的，換另一個說法，就像事先知道長輩要來，先準備好舒適的椅子一樣。非常非常神奇的，這樣說話的效果出奇的好，坐椅子坐得很愜意，聽話也聽得很愉悅，在場的所有人都會以滿足的心情收尾，並期待下一次的對話。當然，預備的答案，不能是虛情假意，必須要發自真心才可以。就像一個歌唱技巧再好的歌手，若沒有真情實意，也是無法打動聽眾的。所以，真心是絕對的條件。

當然，世界上有這麼多的人來人往，也不會只有我一個人體會到「沉默是金」的真諦，所以，當在一個對話的場合中，察覺身旁的另一個人在進行靜默修行時，我的微笑就會從臉上，直直的貫穿到心裡，擴散成一種嬉鬧般的竊笑，原來，一直預備著答案的，不只我一個。原來害怕造口業的，還有很多人。會不會也許有一天，在市面上眾多的溝通課程中，會出現一堂「預備答案」的課也說不定！還是乾脆等我煉成精，我來當先鋒開一堂吧！現在先開放預約報名，哈！

///

隨著混障綜藝團演出來到了嘉義，台灣的幾個鄉鎮城市，拍戲時大多造訪過數次，而嘉義算是比較少接觸的。除了雞肉飯，這幾年嘉義最有名的，就是電影《KANO》中，一群棒球青年繞著圓環喊著「甲子園」的那個圓環，實地探看過之後，對於電影畫面中的想像，似乎還是可以套用在現實世界中。

電影《KANO》中，除了圓環扮演著城鎮的新聞中心以及居民交流的角色之外，綠色的稻田、傳統的餐點、純樸的居民，也是讓我印象深刻的。這趟嘉義行，有半日自由行的時間，正讓我扎扎實實的體會到這個小城鎮的味道。

狹窄擁擠的巷弄、傳統的日式木門、早期的碾米廠、緩慢的生活步調、以圓環為中心的十字鬧區，都讓我們散步的節奏變得輕鬆愜意。當然，現代咖啡廳、文創小店、小型商旅，搭配著路上步行的外國旅人，也述說著這個城市努力生存著的力氣。

一碗清粿仔湯，我吃得好開心，貪心的再喝碗豬肝湯，加起來六十元。如果這樣就能飽，拚了命賺錢做甚麼？摸著圓滾滾的肚子，我忍不住想，在嘉義生活，可以只用台北一半的力氣賺錢，多出來一半的力氣，就可以好好地散個步，也許繞著圓環喊喊夢想的名字，那多有趣！

一半用力一半呆的節奏，就是嘉義給我的舒服感受。半活嘉義，就這麼記憶著它吧！

///

離去的祝福

常常，我們都以為，死亡離我們很遠。

那天，參與教團的服務，為一位往生四十九天的教友，舉行祭祀祝福的儀式。這位教友的一家人也都是教團的夥伴，雖然對於父親的離去，難免不捨，但是卻能夠以神理教導的，用祝福喜悅的心情，恭敬感謝的祝願父親在另一個世界修行愉快。

在準備的過程，家人們討論著，等一下供奉的食物有哪些。「花椰菜有沒有葉子」「芥蘭菜燙得爛不爛」等等很家常的對話。雖然認識他們的時間不算短，不過，我是第一次到這位教友的家中。我看到有好多好多《STARWAR》的收藏，因為我也是這個系列電影的大粉絲，所以忍不住興奮的訊問。

二兒子開心的找到同好，便開始和我分享他的收藏，大公仔小公仔、自己組裝的、特別訂製的，滿滿的佔據著窗戶下的平台與客廳的部分地板，當然，這時候媽媽出現了，說著這些東西有多麼的浪費錢和空間，我只敢傻笑，因為我也愛啊！媽媽離去準備餐點之後，二兒子還告訴我，這個星期六，他們一群愛好者，會著裝遊行！我都不知道原來，關於《STARWAR》，台灣有這麼多的活動。

說著說著，他突然想到什麼的，拍拍右手邊一直聽著我們說話的姪子說，「本來我多做了一套要讓爺爺穿，讓爺爺跟我一起去參加遊行，現在沒辦法囉！你就代替爺爺一起去」。

我突然覺得，死亡其實沒有很遠，死亡就像下一個路口的距離。不管你此刻正在決定的，是攸關全公司福祉的大事，還是拿鐵亦或單品，死亡對於我們每一個人的距離而言，都不遠，也終將抵達。這個星期六的遊行，因為急性的心肌梗塞，成為永遠完成不了的約定。死亡真的沒有想像的遠，我們都在時間單向的飛行中，一路往前。多前進一秒，就少了一秒，就接近一秒。

察覺了這個事實之後，該恐懼嗎？即便不恐懼，又該怎麼應對呢？這個問題太龐大，有許多大師都在教，我不覺得我說得出什麼了不起的見解，也許先接受這個事實，是一個好的開始。

媽媽與女兒仍舊在廚房忙碌著準備著，大兒子忙著和教團的資深前輩商討著等一下的進行流程，二兒子拉著侄子在收拾剛剛被撞到的，掉了一地的公仔，這忙碌的空間裡，有一個家人死亡，有傷心、有悲痛，但是沒有遺憾的聲音。

我想，會不會，生命不是只拘泥於物質的存在，死亡只是一個物質的轉換方式，不是真正的離去。我們的精神意志，會隨著時間的飛行，代代傳承，對於家人的情感，也會因為累積中的行動與付出，越來越緊密，哪怕它是媽媽又從廚房出來，再次念叨這些公仔，這樣看似繁瑣細微的小事。

那一瞬間，我雖然還是沒有什麼偉大的答案，但是我覺得，今天的四十九天祭典，就像個生日會般，這麼的值得感謝、值得祝福，這麼的滿足。也許，對於死亡，我可以開始為自己祝福，開始做準備，就像生日會……。

///

短短

wings with hope

夏令營的尾聲
有一場成果發表會
離家已經五天的妳
想必自在快活

發表會前一天
接到電話得知妳發燒不適
於是下午的練習 晚上的團練無法參加
電話中的妳
撐著告訴我們妳的狀況

我開玩笑的說
不然妳自己從花蓮搭夜車回來
妳要我開車去接妳

不是不可以
是還沒到時候

成果發表當天
火車轉計程車
到達演出的會場
試圖想連絡妳
但是遲遲聽不到妳的聲音
透過隊輔
知道妳雖然不舒服
但是妳還是和大家一起去彩排了

坐在座位上等待演出開始
我彷彿可以感受到
妳想回家的心和想與團隊一起完成這件事的心
在拔河
因為 我也是這樣
想要妳回家好好休息的心和希望妳挑戰自己的心
在拉鋸

最後最後的大合奏
當舞台上的你們配合著樂器演奏一起唱
我看見妳張口吟唱
我忍不住落淚了

在妳未來人生的道路上
無論面對任何阻礙
妳永遠會記得此刻
到達階段尾聲的此刻
妳所擁有的勇氣
永遠是最尊貴的寶藏

我很慶幸
沒有因為我的心疼
而給了妳「放棄」的選項

"Now fly away to the sky with your own wings.

Leave for the hope-filled sky with belief that you go on forever.”

那天妳張口唱的
祝福妳永遠相信自己

///

另外一個選擇

那天
我告訴同學
每天從睜眼到闔眼
每一秒
每一次開口
每面對一個人
除了習慣的言行舉止

永遠有另外一種選擇

那天
跟小妹去超級市場採買餅乾海苔
因為那天的兩天後
要出國找阿母
阿母懷念台灣味
所以　每次出國找她
行李箱有一半都是阿母的

買著買著
我自言自語的說
「怎麼好像在幫小孩買零食——」
「她不是嗎？」
小妹說
我們相視而笑

當天
阿母臨時交代任務
於是我必須立刻外出執行

阿母說
「妳真的要去幫我拿喔？很不好意思ㄝ」

我的習慣是
「哄，把地址告訴我啦——」
可是我做了另外一種選擇
於是我回答
「父母恩重難報，應該的——」
當然我用了一種很誇張噁心的語氣來掩飾我的害羞

阿母呵呵笑
「這樣喔——」
「地址是……」

我想
我們永遠有選擇的
永遠

///

共享愉快

這兩天
我一直在思考一個似是而非的事

脫口而出的惡言
恣意而為的不耐
不時為之的脾氣

我們都會歸咎在
對方太過分
工作太辛苦
路上車太多
爸爸不懂我
媽媽太囉嗦
下雨太麻煩

所以「我才會這樣」
聽起來有前因後果 超級合理

可是 我想了很久
會不會其實「選擇」才是關鍵

選擇了惡言
選擇了不耐
選擇了發脾氣

最糟糕的
是選擇了把責任推給自己以外的其他

我想我們不是不能選擇的
一定要變成
被亂擺在一邊的雜物
我們可以選擇成為明亮的小盆栽
吸收沈重的二氧化碳
散發清新的氧氣
使自己以外的其他 也共享愉快

///

現界的承諾

最近聽到一個說法
每個人在來到現界之時
都已經應允了神在這一世所有的安排

這個說法太有趣
我忍不住思索
若真是如此 我們應該清楚自己的需求
應該明白自己這一世的功課
也應當對一切的一切
有所準備才是啊

可是 怎麼完全相反呢？

我們抱怨我們的出生
埋怨我們的成長、工作、感情
甚至對於一切的一切
都反應劇烈的像是老天爺辜負了我們

刻意唱反調、反悔對我們的承諾似的

如果反悔的 是我們呢？
是我們後悔而不願意好好的學了呢？

我覺得這個可能性非常大
因為人 其實是這個無常世界中的超級無常體

所以 換個角度出發
如果我們該做到的是遵守承諾
那麼 面對一切的一切
我們該心平氣和的面對並且學習
因為這是我們自己點的菜
總是要好好的咀嚼吧

這樣想來 最終的樣貌
就是我們怎麼交出今生的學分成績單
嗯 這樣想 舒服多了

磕磕無常

今天
早上醒來
看了看時間
六點半

瞄了一眼手機裡面的訊息
半夜二點傳的
教團的女孩 不尋常喔
「我爸爸走了
現在在三總
助念室」

頓時，我醒了
趕緊跳起來
聯絡、換裝、聯絡、再聯絡
抵達助念室後

開始為女孩的父親奏上神歌
奏上祈禱文
叔叔的大體上
蓋著黃色有點反光
上面寫著很多「佛 咒」的布
我記不得了

聽著叔叔的太太說道
昨天晚上十點多
還談著今天的計劃
沒隔兩小時
叔叔就因為急性心肌梗塞離開了
「永遠來不及啊」阿姨說

是啊！永遠來不及啊！
這就是人生最真實的註解不是？

站了三個多小時
醫院的相關手續完成
大體要移往殯儀館
我也必須前往下一個已約定的行程

走去牽車的醫院長廊上
我的鞋子發出了「磕磕磕磕」的聲音
它居然開口笑了
而且是兩隻一起

好啊 連你也告訴我
無常隨時會來

索性 我拔下全部的鞋底
丟進垃圾桶
高跟鞋瞬間變平底鞋
我大步邁前

就已經來不及了
還來亂

該捨、該放、該做、該前進的
別猶豫了
會來不及唷

「磕磕磕磕」的聲音迴盪著
也這麼說著

///

懺悔

今天
是個值得懺悔的日子
一場將近兩頁的哭戲
最後擁著戲中的兩位父親
我停不下來

表示
我還沒有忘記傷痛
表示我還沒有原諒
表示我還沒有真誠的堅強
仍舊是　偽裝的堅強

我想　回到小女孩
當你說「妳不去賺錢，家裡怎麼有錢」的時候
我可以說不要
當你說「我是你這輩子的驕傲」

我可以不要那麼充滿勇氣的覺得自己甚麼都做得到

其實
我有很多事 做不到
只是 勉強

雖然 勉強是人生進步的開始
可是 可不可以 不要是你
因為 我很愛你

愛 是希望對方得到幸福
希望另一個世界的你
可以幸福

今天
是值得懺悔的日子
我想學著 原諒自己 原諒你

演員

一場國際的夢

這是一場夢，一場跨越語言、跨越國籍、跨越性別的夢，一直到回到台灣一個星期了，我才相信，這實實在在發生過。

去年，其實總共的拍攝量，也就是兩部。一部是與劉銘老師合作的《人生逆轉勝》，這部戲劇衍生出的人生機會與學習，實在超乎我的想像。另外一部就是九十分鐘的電視電影《望月》，講述的是一個真實故事，越南女孩阿蘭遠嫁台灣，經歷了許多風雨，卻不放棄這個屬於自己的家的一個故事。沒想到，這部戲、這個角色，引領我站上了國際的舞台，在五十多個不同國家的影視工作者之前，表達台灣的小小聲音。

這幾年，接什麼戲不接什麼戲，在經紀公司先行過濾一輪之後，到了我的腦海裡，唯一的判斷標準，就是這樣的戲劇、這樣的角色，對於社會有沒有幫助。從四歲開始成為演員，扣除高中三年，扣除小妹國小低年級的兩年，我已經當了三十一年的演員。三十一年，佔了我目前人生四分之三的比例，不能不說相當可觀。

我的生命，已經不適用，「導演喊卡之後，能不能離開角色」，這樣的說法來形容。稍微接近一點的形容，也許可以這樣說。在我人格養成的童年成長期，每個角色或多或少地，都注入了一點生命力進入我的真實人生，在我學業完成之前，每次的工作經驗，同時也都是我學習人世起伏、人情冷暖最好的教室。我沒有親密的同學，在片場的我，習慣的是孤獨，我沒有打混摸魚的權利，在片場，我不是擁有犯錯權利的小孩，我是一個戲劇工作者，我要承受的是一個演員的表演義務。大學畢業那天，在台大校門口迎接我的，不是我的家人，是擠滿的媒體記者。和媒體應對完成之後，回系館裏當學生，同學得到的獎狀或許是最佳人緣獎、最佳筆記獎，我得到的是「大家都認識她獎」，也許基於人情世故，這是大家唯一能擠出來給我的獎。但是，真的認識我嗎？認識的是角色裡面的我，還是我？其實，一直到現在，我都還在釐清、也還在認識，真正的我與角色裡面的我。

大學畢業後，接演的每一個角色，我開始反向注入累積到那時為止，我理解的人性、理解的愛恨、理解的無奈與哀愁。曾經，我對一個角色充滿熱情、寫滿角色計畫，也曾經我被戲劇工作時間的不合理，氣的不願意再接戲，但是更多的，是被台灣的影劇工作環境塞上禁語、失去感覺。思維，只允許在角色中呈現，在角色之外，妳最好不要太獨特，太有思維。也曾經，我在早連晚的拍攝工作之後，因為拍攝淋雨戲，而全身發燒長滿疹子，夜半十二點多收工，自己去醫院掛急診，躺在急診室吊了一夜的點滴，隔天早上六點多，劇組來醫院帶我回去那個很多人夢幻的天堂，繼續工作。

這三十一年，我沒有後悔的權利、沒有重來的機會，我會說，這是我人生的負累同時也是豐收。到了這幾年，負累慢慢的慢慢地開始轉變成為無形的資產，豐收慢慢的慢慢的轉變成為能夠為身旁的人付出的能力，於是戲劇工作的選擇，開始挑惕。阿蘭，在這樣的時機，來到了我的生命之中。

因為阿蘭是一個越南女孩，在拍攝之前一個月，劇組安排了越語老師，來為我上課。一堂課的時間實在不夠，即便有錄音檔案、影片檔案作為學習的輔助，對語言學習來說，沒有時間的積累，是不可能有一點點樣子的，再加上，說出越語其實不是最困難的，花時間不斷的說就可以。最困難的是，用越南人的腔調說中文，這才是對我來說最困難的。為了達到我自己的要求，在劇組安排與本人見面之後，我另外約了一個時間，拿著劇本，我讀一句台詞，請本人跟著我一句一句的讀台詞，我錄下來，於是，我就可以隨時浸潤在越南中文的腔調中。為了將越語說的流暢，我拜託經紀公司協助找到一位嫁來台灣多年的越南女孩，同意我在開拍之前的兩個星期，每天下午花一個小時的時間，去陪她做家庭代工，她陪我說越語。這一個月，我時常在家裡大聲吶喊，吶喊的不是越南中文就是越語，還會搭配瘋狂的肢體動作來為自己加油打氣。

拍攝工作期其實不長，大概十天左右。工作的夥伴，如往常的，都是新的夥伴，即使工作模式有點不同，拍攝地點不同，基本上的工作節奏，是我閉著眼睛都能立刻習慣的。不過，為了讓阿蘭和李淑楨可以在這十天完全的結合，不讓阿蘭有任何跳脫的空隙，我刻意地不讓自己在場與場的空檔中間，和劇組的工作人員哈拉熟識，我幾乎都是躲在一個角落，持續地加強那份被隔離的感覺。因為，外籍新娘，她們在語言、文化、飲食完全不同的狀況下，其實就是這樣過著生活的。我還記得，在開拍前一天，我在越南女孩的身邊做最後一天的越語練習，大概才開始十五分鐘左右，我乾嘔不止，不得已當天的浸潤學習終止，我提早離開。在那個時候，我頓時明白，過度壓榨的心理，會讓身體產生保護的機制，讓心裡遠離那樣的狀態。這個實際的體驗，對於阿蘭的這個角色，竟有著不可思議的體悟與幫助。

在陪伴越南女孩做代工的這兩個星期，我對外籍新娘的了解，僅限於小妹學校的同學媽媽，低調、沒有聲音、閃爍的眼神。而這兩個星期我們互相陪伴下來，除了對於我的越語有很大的幫助，看著她做的家庭代工，我才發覺，在台灣這個社會，她們沒有聲音，可是，已經做了很多。每天我去的時候，一搭搭的布料放滿她旁邊的折疊桌，一片片的有厚度的長型布料，大約三十片左右，疊在一起成為一搭，她會拿一搭放在自己面前，用鉤針一片片的勾出線頭，完成了一搭，再拿下一搭。動作非常熟練，熟到可以馬上糾正我發音上的不標準。有一天，我實在忍不住問她，她在做的到底是什麼。原來那是

polo 衫的領子，紡織工廠完成半成品之後，還是需要人工將線頭勾出來，以進行後續的製作。原來，很多叔叔伯伯愛穿的 *polo* 衫領口，是這麼來的。原來，她們雖然沒有聲音，可是，早已經在台灣譜出優美的旋律。在那個時候，我肯定自己接演「阿蘭」的決定，我希望透過自己的演出，可以讓隔閡少一點、讓閃爍少一點。

影片在金穗獎首映的那天，我們在華山園區的電影院，映前相關人員在電影屏幕前一字排開和大家說話，映後也和大家簡短問答。記得上次我在電影院這樣和觀眾一起看首映、一起說話，是十一歲拍的「魯冰花」，生命就是這麼不可預測，妳永遠猜不到，祂會給妳的是什麼。坐在觀眾席上，看著大螢幕的阿蘭，心中有一種釋懷的深刻，那是一種夾雜著對自己盡力了、對團隊信任的深刻，此刻，我只是觀眾，享受著一個作品。那晚，我已經覺得相當美好，美好到超出我的想像。豈料，阿蘭帶給我的夢，還繼續發酵。

首映過了四個月左右，我收到製作人的訊息，《望月》得到了首爾國際電視節的評審團特別獎。感到喜悅的同時，我平常心的一如既往，忙著我的日子。一直到八月初，人在日本剛剛參加完教團祭典的我，接到了經紀公司的通知，去首爾參加頒獎典禮的日期確定了下來。對我來說，這個消息不是輕鬆的，甚至比拍戲、試鏡、唱歌都還要緊繃，因為參加典禮，禮服、配飾、鞋子、妝、髮，這些都是需要花很多時間去確認的。特別又是海外的國際頒獎典禮，通常行程上相較於台灣的大型頒獎典禮，我們會比較陌生，時間安排上也都會特別擁擠，再加上語言不通，所有溝通協調的過程，來回耗費的時間會需要加乘。所以，這個消息對我們來說，可以用「如臨大敵」來形容。雖然我的心中已經有了大敵的心理準備，但是，如我剛剛所說，我剛剛參加完祭典，神賜下了這樣的安排，我喜悅感謝的接受並且盡力而為。

典禮的那天下午，在酒店房間，我的身上穿著棉花糖般鬆軟的訂製禮服，內加的襯裙，我成了不太能動的人體模特兒。距離從飯店出發到會場，迎賓禮車已經在飯店一樓等了十分鐘，造型師正在做最後妝髮的確認。在我的右腳丫、左腳丫邊，分別是經紀人與大愛台同行企編正幫我穿上我最高的高跟鞋，後面的大愛台經理，幫我剝著香蕉皮，因為我和造型師從十一點開始梳化到當時下午三點，沒有吃任何食物，預計一直到典禮結束大約晚上九點，才能夠在 *after party* 上吃到食物。在我的身邊，佈滿了這四個人，為了照顧我、為了讓我漂漂亮亮的出席典禮而努力著，這個畫面，是首爾的第一幕。

典禮的第一個小時頒獎流程完成，我是第二個小時的第一個獎，中間表演節目的七、八分鐘，緊張與放鬆在拔河。努力不讓自己跌倒的走上舞台，印度籍的得獎者發表感言之後，我緩步走向麥克風，麥克風好高，我伸出手稍稍調整一下，確認它在我嘴唇的高度、確認它可以把我們想說的話，傳到國際去。我知道我能夠站在這裡，是多少人的努力，阿蘭和所有來到台灣的外籍姑娘、大愛台所有前期後期的工作人員、製作團隊當中各個領域的夥伴、所有台灣的影視工作者、瘋狂照顧我的經紀公司、完美的造型師、甜蜜的禮服、我最親愛的家人，沒有這些，我說了什麼，便一點意義都沒有。將視線的焦距調整到十公分近的麥克風上，台下的國際影視工作者、首爾的觀眾都成了景深。我緩了一口氣，說出了第一個音，這個畫面，是首爾的第二幕。

《望月》，一部九十分鐘的電視電影、十天的拍攝期、二個星期的越語課程，給了我三次對大眾說話的寶貴機會。平常說的話已經夠多，我其實很珍惜安靜的機會，但是，基於對外籍女孩對於台灣的貢獻，我也異常感謝這三次的表達機會。在首爾的舞台上，我用英文陳述阿蘭的故事帶給這世界，現在很需要的勇氣，更重要的，我用中文在那個國際舞台上說，「我們來自台灣，在世界地圖上，它只是一個小小的面積，但我們是拼了命的在努力，所以非常感謝首爾國際電視節給我們的鼓勵。」，最後也用韓文感謝主辦單位。

在首爾紅毯的終點，大愛台隨行工作人員問我，來到首爾領獎，心中有甚麼感受。我說

「我是一個台灣女孩，演了一個越南女孩的故事，透過來自世界二十幾個國家的評審肯定，今天來到韓國領獎。我想人性中最單純的愛與勇氣，可以跨越國籍、跨越語言、跨越一切的隔閡，這是一件很單純卻很有力量的事。」

華山首映會時，主持人問我，有沒有想藉由這個角色，傳遞什麼訊息。「我和你不一樣，你和她不一樣，我們每一個人都不一樣。阿蘭，是一個女生，一個為了保護自己的家庭，而用盡力氣不願意放棄的女生。也許她經歷的事，和在座的一些人一樣，和我們的父母一樣。不管阿蘭來自越南、大陸、印尼還是哪裡，他們和我們又沒有那麼不一樣。所以，只希望在未來的日子裡，我們的社會可以用平常心去看待所有的人，每個人都不一樣，每個人也都一樣。」

這場夢，好幾次我以為停止了，可是它竟又不停地發酵，還會不會有後續的發展，只有神知道。回到最初的原點，我感謝我自己選擇了一次利他的演出，感謝這個動機，帶來的無限量美好。

///

扮演

接戲之初
我就知道這個角色 挑戰的不只是角色
還挑戰著 李淑楨
李淑楨如何能成為陳淑華
如何能讓劇中的劉銘安心地和陳淑華共度人生
李淑楨又如何能成為現實生活中如同陳淑華一般
讓劉銘可以安心的夥伴
所以 現實中我是李淑楨又是陳淑華
劇中 我是陳淑華又是李淑楨
不管是在劇中還是現實
我不能過度表演 也不能過度自己
這是一個多麼有趣的節制習題

所以 觀察是我的第一步 最重要的一步
觀察劉銘 觀察淑華 觀察劉銘對淑華 觀察淑華對劉銘
觀察劉銘甚麼都說好的情緒與微妙表情
觀察淑華反駁時的溫柔與扎實

這個功課 非常耐人尋味
如果仔細著不說話
用觀察來吸收言語與肢體投遞出來的波動
其實 很容易可以知道
劉銘說好的時候 有時是先些微的彆扭然後幾乎沒有時差的
立刻說服自己迎接 我想是長時間的練習 才能如此
你也很容易可以知道
淑華不說話的時候 她總是在尋求自己可以伸出手成就他人的 moment
一旦開口 不容置疑 同時 她也在觀察我

於是 從陳淑華中
我找到生活中李淑楨和劉銘相處的方式
從李淑楨中
我找到扮演陳淑華動靜時的立體度

///

效率與效應

在高中時期，當全校的學生都被三角函數搞的七暈八素，不小心，我考了九十七分。整個大學時期，分數最高的科目是統計學和邏輯，不用詢問其他科，有一科還以二十五分的「高分」被當掉。

以上這些人生經歷，我只是在想，照理說，我應該非常會盤算，一定要為自己的人生，計算出最有投資報酬的工作才是。偏偏，這三十幾年來的工作選擇，絕對是、絕對是全世界最沒有效率的工作－戲劇工作。

我記得，小時候拍電影，常常一天拍不到十顆鏡頭。沒有錯，是用「幾顆」來數，不是幾場戲或是幾頁劇本。電影的底片很貴，每一顆鏡頭，總是要經過再三確認、測試、試戲、正式試之後，才會喊下讓大家屏息的 *action*。也許是當時的時空背景，每一個工作人員，都專注在自己負責領域的完美。

就拿大家最熟悉的「魯冰花」來說，古阿明拿到了世界兒童畫金牌獎，那場遺憾的演講之後，離開了學校，郭老師和爸爸、我、鄰居叔叔一起，到阿明的墳前向他報告這個好消息。

燒著金紙的我，開始一張一張的把阿明的畫燒給他。爸爸見狀，伸手就把金牌獎的獎狀，丟進熊熊燃燒的火堆中，泣不成聲。見著這張，實現弟弟是誰的人生證明，慢慢被火舌吞噬，我平靜的繼續燒著他的畫作。鏡頭以仰角拍攝，背後的天空是藍灰色，和上一顆鏡頭中，弟弟畫作的鮮豔，形成了強大的對比。前景是火苗與他的人生，焦距停留在我毫無情感的臉上，燒蝕的黑煙，遮不住深層的悲哀。最後，我站起來，環視這一片山林，原來弟弟不在灰飛煙滅中，在這撫育他成長的大地裡。

為什麼，我會記得那麼清楚，因為這顆鏡頭，花了整整兩天的時間。從苗栗市區開到明德水庫的三合院，就已經是一個多小時的車程。再從主景坐交通筏到水庫中間的沙洲，約莫十五分鐘，這其中梳化造型時間、大隊移動，單程大約三個小時。因為灰藍的天空，象徵著所有劇中人物的心情，所以到了沙洲上，各組陳設完成，等待天空入戲，是唯一的重點。接近傍晚時，天空呈現了浪漫的藍綠色，一切就緒，就像〈阿波羅 13 號〉，準備升空前的休士頓，這樣的萬眾一心。我蹲在火堆前面，醞釀似懂非懂的情緒。

火苗點上，黑煙竄起。

action!

卡！

風不對！風把黑煙一個勁的往我臉上吹，吹得我平靜不了，眼淚直流。又不是演周星馳的電影，怎能是這樣的表情。

補好了妝，大夥再等十分鐘。

彷彿風止，再次點上煙。*action*！卡！風來也，這次連火都被吹旺，蹲在火堆旁邊的我，感覺皮膚的熱度已到了極限。這是，報牌電影嗎？幾號會中呢？哈！

一切打廢重練，歸零重整。又過了二十分鐘，彷彿一切沒有發生過一樣，大夥又進入休士頓模式。

對不起喔！天黑了，沒有光了！一切不用再談，也無需等待。

就這樣，平靜的大家，收拾細軟回家去。唯一嘀咕的就是製作方，算計著多少銀兩付諸流水，還有美術組翻著白眼盤算著，今晚又得熬夜把畫作趕出來，那是個還沒有電腦動畫的年代，一切得真真實實的來。

於是，隔天的行程，就像卡帶一樣，一模一樣的再來一次。只是這次，我終於用透視人生的眼神，完成了這顆鏡頭。

效率啊！永遠無法測量感性的層面，這幾年恰好讀了有關「質性研究」的書籍，發現「效應」對於人類的影響，居然是分分秒秒、深刻劇烈。

我想，我的人生真的挺公平，因為我得花很多時間，在做沒有效率的效應事業，所以，不管是三角函數還是統計、邏輯，就輕鬆一點來吧！

兩整天、數十人、億萬的雜念，成就了那顆鏡頭，腦袋中響起了陳陽老師在片尾中的渾厚吶喊，原來一切是那麼的值得。

///

演員與我

很多人問
演戲 很難喔？

難嗎？
背台詞 不難
可是 背得不像背的 很難
一個人哭 不難
在二十位劇組人員面前哭 比較難
在二十位劇組人員面前加上菜市場中央配上魚肉味哭 很難
和情人擁抱親親 不難
在四十度高溫冬日衣著下 和不太熟的情人擁抱親親 豈止是難
戲下沒有交集 戲上海枯石爛、至死不渝 難 不足以解釋
熬夜 不難
熬夜後眼線畫不上去 眼袋藏不起來 還要裝精神奕奕 青春洋溢 騙人很難

演戲 很難喔？

做一個演員 願意努力 不難
做自己 拚了命的努力 還是很難
把台詞說的像角色的真實 不難
話真實的在生活中說 沒有人敢說不難
5432 之後的行動 只要導演說 OK 幾次都不難
OK 之後的行動 想再聽到誰說聲 OK 比登天還難
每天照著班表走 就算磨到只剩下意志力 也都不難
三十而立 一路要到六十知天命 只有孔子會說不難
再長的劇 終將看的到結局 還可以罵幾句 不難
七十八歲的老人 參透了人生 也還是不知道任何人的終了 阿彌陀佛 難啊——

演戲 很難喔？

你說呢？

///

舞台

阿甘正傳之身心障礙者篇

一群身心障礙者，在高鐵站狂奔，如果當時有直播，應該會讓很多人在網路的另一端，驚聲尖叫吧！

經歷了前一天，空望著高鐵從眼前畫過的悲涼，今天，演出完之後，大家的熱情，又讓大隊晚了好一陣子出發。眼見好像劇情又要重播了，可是，大家都不想再重演。尤其，對於身心障礙者來說，輪椅的座位實在不是那麼容易更換的，不像無障礙者，可以轉搭下一班自由座就好。所以，快到高鐵站時，車上的電話就開始密集的聯繫。確定第二車第三車抵達的時間、確認進高鐵站的動線、分配行李怎麼拿、分派輪椅推手、先遣團員控制好電梯，在第二車第三車一停下，車門開啟，大家便依照先前溝通好的任務，開行李箱、拿行李、引路、搬輪椅、搬人、按電梯，這時候，距離開車，剩下八分鐘。

被分配到推劉銘團長任務的我，卯足全力衝刺前，請團長雙手緊握扶手，開始衝刺後，我嘴裡哼著「不可能的任務」電影主題曲，我覺得我就是湯姆漢克斯，八分鐘，對我來說太多了！進電梯出電梯，右轉進票閘口，再進電梯再出電梯，右轉抵達七車輪椅等待口，一群人在這裡點名，雖然氣喘如牛，但是一個都沒少，地上的紅燈剛好亮起，高鐵進站了……。

狂奔的那一段時間，雖然時間緊迫得要命，但是腦中一直有著一種單純的快樂。在我的視線範圍內，前面奔跑的，是沒有左手的團員，除了背著自己的演出背包，完好的右手上拿著的，是另外一位雙手截肢的團員的行李。另一個雙手不完整的團員，一手拉著自己的傢私，一手牽引著兩個視障的團員。聽語障的團員，用完好的四肢快步推著輪椅團員，用眼睛當作衛星導航，雖然聽不到什麼月台什麼車廂，但是緊緊地跟著大家。輪椅團員的腿上，放著屬於大家，等一下要在高鐵上食用的，一大箱點心，在快速移動的過程中，緊緊地捧著，深怕灑了讓大家餓肚子。在票口為大家開路的舞台總監，先行讓站務人員驗票，確認大家到齊後，自己殿後，一拐一拐的努力快步，跟上大家。就是這樣互助互補，不分彼此的精神，在這八分鐘，營造了屬於大夥兒的畫面。

我腦中的音樂，在高鐵車廂門關上的那一剎那，從動作片進到了勵志片，《阿甘正傳》的音樂響起……。

我笑得開懷，這樣的快樂，鮮少能夠在無障礙團體中體會，而我覺得，這才是人類該追求的幸福。

///

導盲犬

清晨出門，夜晚方歸，連著兩場在中部的小學、高中的生命教育演出，這樣的工作時數，其實對戲劇工作數年的我來說，是家常便飯。雖然身體同樣是疲憊的，但是，「值得」這兩個字，卻有著不同的深度。

夜晚的和平醫院、安靜的警察廣播電台，結束了白天的喧囂，進入夜晚的寧靜模式。一台復康遊覽車，晚間九點半左右的時刻，如聖誕夜夜晚的音樂鈴聲般，溫暖優雅的闖入了這份寧靜。下車的夥伴，帶著疲憊的身體，準備繼續完成回家這件事。為什麼回家是件事?因為對於障礙者來說，回家也絕對不是一件輕鬆容易的事。於是，同樣疲憊的志工們忙著照顧每一位團員，推輪椅、分行李、確認回家的方式等。

還昏沉的我，好像還沒辨識出舞台上的燈光，與夜晚的、沉靜的警廣廣場的差異，所以呆滯地站在人行道，看著志工們精神抖擻的忙碌。大家如往常地，熟練的分工、么喝，上上下下的電動平台，載送著乘坐輪椅的團員。我覺得，那和演唱會中載送著換完裝的巨星登台一樣，是這麼地值得掌聲。

突然，有一個畫面喚醒了我，我看到其中一位視障團員，牽著導盲犬妮可，朝著空氣用力的說了聲「再見」之後，背對著大家，朝著八線道的中華路走去。看著他們的背影，我完全移不開視線。妮可跨著沉穩的腳步，帶著她服務的主人，也就是視障團員，精準的避開人行道上的路墩，或往左或往右的前進。手握導盲鞍的團員，腳步完全沒有遲疑，緊跟著妮可，卻可以和妮可保持著一種最完美的距離。我的眼眶好像被掌聲淹沒，舞台在我眼前再次亮起，諾大的馬路口，團員與妮可的身影不斷放大，演繹著現在的社會中，幾乎看不到的，信任與愛。

我忍不住想，我們擁有那麼多，孩子每天在比較的，是腳上的名牌鞋，女孩每天煩惱的，是化妝包裡彩妝品的多元，男孩每天思索的，是手上的方向盤，母親每天憂慮的，是孩子才藝班的數量，父親每天嘀咕的，是帳戶裡數字的變化。每天每天科技不斷的在飛躍式的前進，人類的生活因為這些飛越，同時，也跳過了真摯的生存意義。愛與信任，曾幾何時，已經不再是話題中最重要的標的，輕蔑的，只剩下嘴角的微微挑動。突然，我好羨慕，妮可與主人之間，生命都可以交託的信任，看不見卻又清晰透明的愛。那是，應該是，很多人終其一生，都得不到的啊！

我再回過頭，看著每一個身體不完整的團員，看著他們疲憊的臉孔上掛著的笑容，這一天，我深刻的明白，「完整」的幸福，在他們不完整的身體中逐漸茁壯。有太多的名言，講述著生命的價值，今晚，在團員與妮可之間，在黑夜降臨的八線道中華路上，我看到了這份價值。

///

當偶像 遇上 明星

作者・劉銘、李淑楨 ｜ 發行人・劉鋆 ｜ 責任編輯・王思晴 ｜ 美術編輯・*Rene Lo* ｜ 法律顧問・達文西個資暨高科技法律事務所｜ 出版社・依揚想亮人文事業有限公司 ｜ 經銷商・聯合發行股份有限公司 ｜ 地址・新北市新店區寶橋路 *235* 巷 *6* 弄 *6* 號 *2* 樓 ｜電話・*02 2917 8022* ｜ 印刷・禹利電子分色有限公司 ｜ 初版一刷・*2017* 年 *12* 月｜初版二刷・*2019* 年 *10* 月（平裝）｜ *ISBN・978-986-93841-7-9* ｜ 定價 *350* 元

國家圖書館出版品預行編目 (*CIP*) 資料

當偶像遇上明星 / 劉銘 ・ 李淑楨 著 .
-- 初版 . -- [新北市] : 依揚想亮人文 , *2017.12*
面；　公分
ISBN 978-986-93841-7-9 (平裝)
1. 劉銘 *2.* 李淑楨 *3.* 傳記

783.3886

106024479

依
揚
想
亮 出版書目

城市輕文學

《忘記書》——劉鋆 等著

《高原台北青藏盆地：邱醫生的處方箋》
——邱仁輝 著

《4 腳 +2 腿：*Bravo* 與我的 *20* 條散步路線》
——*Gayle Wang* 著

《*Textures Murmuring...* 娜娜的手機照片碎碎唸》
——*Natasha Liao* 著

《行書：且行且書且成書》——劉鋆 著

《東說西說東西說》——張永霖 著

《上帝旅行社》——法拉 著

任性人

《*5.4* 的幸運》——孫采華 著

《亞洲不安之旅》——飯田祐子 著

《李繼開第四號詩集：吃土豆的人》——李繼開 著

《一起住在這裡真好》——薛慧瑩 著

《山・海・經 黃效文與探險學會》——劉鋆 著

《文化志向》——黃效文 著

《自然緣份》——黃效文 著

《男子漢 更年期 欲言又止》——*Micro Hu* 著

《文化所思》——黃效文 著

《自然所想》——黃效文 著